私の源流 2

街風隆雄 TSUMUJI Takao◆著

トップ経営者からのメッセージ

朝日新聞社

まえがき

日本の企業群は、いま、一度も経験したことのない試練に立たされようとしている。19世紀以来、欧米諸国の経済に「追いつけ・追い越せ」できた日本企業が、予想もしてこなかった「追い抜かれる」という事態に置かれるかもしれないのだ。いや、いくつかのケースでは、確実に追い抜かれるのだろう。

中国の企業群にである。

しのぐことは、できるのか。それは、女子マラソンに喩《たと》えれば、

「あなたの会社は、高橋尚子さんか、野口みずきさんか」

ということになる。

高橋さんは2000年のシドニー五輪で金メダルを獲って世界の頂点に立ち、04年のアテネ五輪でもトップランナーであることを、世界に再確認させるはずだった。だが、03年11月の東京国際女子マラソンで、いいペースで先頭を走り続けながら、ゴールまで3キロの地点でエチオピアのエルフィネッシュ・アレム選手に抜かれ、あとは差を広げられるだけに終わって、五輪出場も逃した。

体重の調整を含めた事前の準備にも、レース展開における作戦にも、甘さがあったのだろう。六つのレースで連勝していたことで、「追い抜かれる」ことをどう防ぐなどということは、想定すらしなかったのではないか。一方の野口さんは、アテネ五輪で、27キロ地点で一気にスパートし、そのまま先頭でゴールインした。終盤でケニアのヌデレバ選手に迫られたが、早々と他の選手たちを振り切ったことが、大きく功を奏したのは明白だ。

ここに、重要な教訓とヒントがある。一度追い抜かれると、抜き返すというのは至難の業だ。だから、トップの座にあっても、常に「追い抜かれる」ことへの危機感を持ち、防ぐ手を打ち続けなければならない。そして、実際に抜かれないためには、先手を打って、後ろの相手を大きく振り切るのが一番だ。じわじわと詰め寄られる前に、トップスピードをさらに上げ、2位以下が追いつきようのない、追いかける意欲すらなくしてしまうほど、差をつけてしまうことが大事なのだ。

産業の競争でも同じである。本書に登場する日本電産の設立者である永守重信さんは、

「振り切る道は、『深掘り』だ」

と指摘する。

ある専門的な部品やコンポーネント（部品を組み合わせた製品の一部分）で、徹底的に最先端の技術を追究する。超小型・超高速・超軽量の製品を開発し、同業他社の追随を許さないようにするのが「深掘り」だ。使われる対象が幅広いものほど、うまみは大きい。日本電産が「深掘り」して

いるのは超小型モーターだ。車の無段変速機、パソコンのフロッピーディスク駆動装置、DVDプレーヤーなど、何かが動くもののところには、まず間違いなくモーターがある。シャープが世界に誇る液晶も「深掘り」の成果だろう。メーカーではないが、本書の冒頭に出てくる全日空社長の大橋洋治さんが中国路線を核にした「アジア」に力を集中するのも、同じ道に通じる。9人目に登場する東芝社長の岡村正さんは、強みとする分野を絞り込み、一部の事業からは撤退するという「選択と集中」を進めている。これも、一つの「深掘り」だ。04年10月に刊行した本書の第1部にあたる『私の源流』(朝日新聞社)に登場する、キヤノン社長の御手洗冨士夫さんや武田薬品工業会長の武田國男さんらは、その「選択と集中」をいち早く進め、勝ち組の上位に名を連ねている。

「多様な分野を手がけ、そのうちのいくつかで他に差をつければいい」

「とくにずば抜けた製品やサービスはなくても、全部を集めればそれなりの規模になる」

そういった「総合○○業」と冠の付くメーカーやサービス業の手法は、もう、通用しない。そんな手ぬるいことでは、「深掘り」したトップランナーに、各分野で競り落とされてしまう。パソコンをみれば、一目瞭然だ。日本では、電機メーカー各社が多岐にわたる事業の「一部門」として取り組んでいる。先行開発や斬新なデザインで一時は世界でトップの座を占めた企業もあるが、いまはどこも低迷中だ。首位はパソコン専業で注文生産方式の米デル。2位もパソコンにかなり集中している米ヒューレットパッカードだ。3位の米IBMは、上位2社の徹底的な低価格戦略に追い詰められ、ついにパソコン事業の売却を決めた。相手は、何と、中国の専業メーカー「聯想」である。

追い上げる中国経済の台頭は、目覚ましい。一部に過熱現象が起きているものの、それは、日本の成長過程でも何度かみられたことだ。今後、日中の成長速度が少しは縮まることがあっても、逆転することは、当分、考えにくい。すでに冷蔵庫やテレビ、エアコンなどの家電製品だけではなく、携帯電話やパソコンでも、中国は生産台数で世界一となっている。

04年11月。東京で開かれた日米財界人会議が終わり、共同声明が発表された。声明は、双方の市場開放促進などを求めた後、とくに「中国経済」について触れている。中国の世界貿易機構（WTO）加盟に伴う履行義務などを確認する内容だったが、日米の経済人が第3国である「中国」に言及したことは、その「実力」が年々高まっていることを物語っている。会議の日本側議長である西室泰三さん（東芝会長）は、

「もう5年から10年たつと、中国企業が日本勢の大変な競争相手になってくる」

と予測する。むろん、最先端の技術やノウハウの蓄積が必要な高付加価値製品では、世界の舞台に出てくるには、まだまだ年月がかかるだろう。多くの国営企業が民営化されたとはいえ、すべての企業が強くなるわけでもない。まずは、国内で大変な競争が続き、そこで勝ち残ったところが、世界での争いに出てくることになる。ただ、前出のアレムさんやヌデレバさんのように、層が厚い国の予選を通過してくるような選手は、いきなり世界トップ水準の争いに加わってくる。産業で言えば、韓国経済の混乱の中で生き残ってきたサムスングループは、半導体や液晶などで世界のトッ

プグループに立った。中国でも、そうした世界プレーヤーが、もう出始めている。

前著の『私の源流』でも指摘したが、いまや企業の盛衰は、「過去」を大胆に否定して、新しい価値観や行動基準で事業を展開する「非連続の経営」に転じることができるかどうかにかかわっている。言い換えれば、トップに、そういう手法がとれる人が立つかどうかに、大きく左右される。

本書に登場する10人のトップ経営者は、いずれも「非連続の経営」を進めてきた。では、その価値観や行動基準は、どこから生まれてきたのか。その『源流』へと遡り、ご本人に再確認していただく「旅」が、本書のメーンテーマである。

10人の心の『源流』には、かなりの共通点があった。大きく分ければ、「父」を深く語った方、「母」に多く触れた方、母校の「友」と過ごした日々をたどった方。この三つに集約できる。価値観や行動基準を形づくる原点というのは、人が違っても、そう変わるものではない。

東芝の岡村さんは、学生時代に手にしたクラリネットで、奥さんのピアノ、娘さんのチェロと三重奏をするのが「夢」だという家庭人だが、

「10代のころは、父親に対して強い反発を抱き続けていた」

と明かす。孫子を学び、規律など「全体」の利益を重んじる父の論を耳にするたびに、「古くさい考えだ」と突き放したという。確かに、その年代のころは、いつの世でも、父親の積み重ねてきた歳月の価値にはなかなか思いが及ばない。目に入る「大人」の姿が汚れているように映り、激し

い拒絶感を生むことが少なくない。最後に登場するウシオ電機会長の牛尾治朗さんも、旧制高校に入ったころまで、家庭を全く顧みない猛烈経営者だった父に「強い拒絶感を持っていた」と言う。岡村さんは、近年、父が亡くなった年齢を過ぎたころ、父が残した著作を手にとるようになる。

「味わったことのない思いがする」

との感想を聞いた。大学時代に「友」と打ち込んだラグビーとは別の『源流』が、そこにあったことに、気づかれたのではないだろうか。牛尾さんも、戦後の公職追放で傷ついた父の姿をみて、心を開いた文通を始めるようになるが、その心中に深く思いを馳せたのは、父が追放になった歳を七つ超えたときに遭遇した事件の際だった。どちらも、詳しくは本文を読んでいただきたいが、「父」には、ずっと後になってから、「母」とはまた違った思いが湧いてくるという方が多い。

私も、長い間、父を随分と嫌がった。反発し、批判を繰り返し、ときには何を増長したのか、罵ってしまったことさえある。いま思えば、ただただ恥ずかしい。そのころに自惚れていた何もかもが、その父と母がくれた資質から生まれたものばかりなのだ。すべては両親のおかげ。そう気がついたのは、やはり、50の齢を過ぎてからだった。気づくのは遅かったが、私もいま、父と母に感謝をしている。本書が生まれたのも、もちろん、遡れば2人のお陰だ。この書を、その父と母に深く捧げたいと書いても、登場していただいた10人の方々には、笑って頷いていただけるだろう。

本書は、前著と同様に、『週刊朝日』で2004年6月から連載した『トップの源流〜それぞれのAgain』に大幅に加筆したうえ、登場するトップ経営者のみなさんに「若きビジネスパーソンへのメッセージ」を添えて頂き、刊行した。本文に登場する方々の肩書と年齢は、原則として、連載時のままとした。連載は、『週刊朝日』副編集長の矢部万紀子さん、フリーカメラマンの門間新弥さんの力添えで、実現した。取材では、本当に、たくさんの方々にお世話になった。心から、感謝を申し上げたい。次の『3』は、いつ書くことができるか、予定は決まっていない。でも、様々な方の『源流』が、著者の生涯のテーマであることは、間違いない。

2004年12月

街風《つむじ》 隆雄《たかお》

私の源流・2

目　次

カバー・デザイン
日下充典

写真
門間新弥
Tay Kay Chin

私の源流・2
トップ経営者からのメッセージ

『死の淵を越えて』

大橋洋治

おおはし・ようじ（64）

全日空社長

1940年、中国・佳木斯（旧満州）生まれ。慶大法学部政治学科卒。64年４月に全日空に入社。乾電池や五寸釘からエンジン、燃料まで調達担当を６年やった後、人事勤労畑が長かった。50歳前後から宣伝や支店長など念願だった「営業」へ。93年取締役。常務などを経て01年４月に社長。

一つ一つ、困難な目標を明示して、「背水の陣」で実現する。

それが、どの世界でも、リーダーには不可欠だ。

「最後は、きっと、うまくいく」

そう語る「経営のパイロット」は、約束通り、逆風下の航空会社を成長軌道へと浮上させた。

「明日は、今日よりいいはずだ」

いつも、そう、思ってきた。

だけど、単なる楽観主義ではない。やるときには、退路を断ってやる。

●次々に変えた「前例踏襲」

1989年夏。テレビに、成田とロンドンなどを結ぶ全日空の直行便就航のCMが登場した。――007シリーズの映画「ロシアより愛をこめて」の音楽が流れ、スーツ姿の男が、「ロンドン」とつぶやく。もう1人、コート姿の男が現れて、「モスクワ」とささやく。そして、何やら極秘メモのようなものが手渡される。2人が離れると、背景にテムズ河畔が広がり、「全日空の世界戦略、キャッチさる」というナレーションが重なる――。


放送開始の数週間前。役員会で、宣伝販促部長として、新しいCMの内容を説明した。それまで、国際線就航のCMといえば、使用する大型ジェット機と行く先の街の風景を流す、というのが定番だった。しかし、若い担当者らは、

「新機軸を打ち出したい」

と訴えた。その熱意を、受け入れる。自分も、若いときから「新しいこと」が、大好きだった。

だが、役員には前例踏襲型の発想が根強く、否定的な感想が続いた。そのうえ、

「まさか、もう撮影したり、していないだろうね」

とも、クギを刺される。だが、実は、もう部下にはＯＫを出し、撮影は進んでいた。それは黙っていたら、

「最後の『キャッチせよ』だけど、お客さまにみていただくのに、命令調など、失礼だ。絶対に、いかん」

と追い打ちをかけられる。この段階では、まだ「キャッチさる」ではなく「キャッチせよ」だった。

ひと通り苦言を聞いた後、

「検討します」

とだけ言って、部屋を出る。

一瞬、困ったな、と思う。だが、国際線に参入してまだ3年。大きく先行する日本航空を追うには、前例を踏襲しているだけでは、力不足だ。部長になって、ひと月余り。

「新しいことに挑戦しないと、進歩は生まれない」

そう、言い続けてきた。簡単に、引き下がるわけにはいかない。宣伝販促部の部屋へ戻ったときには、もう、心は決まっていた。テレビ担当だった西村健さん（現・マーケットコミュニケーション部長）に、役員会での首尾を尋ねられたが、

「ああ、最後の『キャッチせよ』のフレーズを、『キャッチさる』に直そう。それだけでいい」

いつもの調子で、そう答える。

その後、担当役員から何回か呼ばれ、内容を修正するか、聞かれた。

「いや、若い連中の熱意を、大事にしましょう」

粘り強く、社内を説いて回った。理屈ではない。要は、挑戦する熱意だった。簡単ではなかったが、そんなことは、部下にはひと言も話さない。西村さんが振り返る。

「あのとき、部内の誰も、役員会でのやりとりを知らなかった。部下に不安を抱かせないように、1人で背負っていたんですね。部長の仕事とは社内の了解をとりつけることだ、と徹していたのでしょう」

CM案は通った。その後、役員会での説明や社長に試作品をみせる慣例もなくなり、CM制作は担当役員の了解だけでよくなった。あらゆることが政府の許認可の対象で、上からの強い管理と前例踏襲が当然だった航空会社にとって、「非連続の経営」への一歩だった。

全日空は翌春、就職情報会社の全国大学生人気企業ランキングで、前年の9位から一気にトップになる。宣伝広告が人気の理由、と分析された。夏までに就職の資料請求は数万通に達し、前年から倍増する。入社試験の面接では、受験の動機を聞かれた学生たちが、

「あのCMをみて、惹かれました」

と答えた。

続いて、パリ便就航のCMで、ファーストクラス客の役に歌手のフランク・シナトラを起用する。さらに、企業イメージアップのキャンペーンでは、美空ひばりの「川の流れのように」を流し、歌詞のイメージと重ねて「あなたの一番になりたい」とうたい上げた。西村さんは当時、ライバル社

の宣伝部員から、
「ああいうものが、よく、通るね」と皮肉っぽく言われたのを、覚えている。でも、職場では、もはや、古いパターンを破るのが当たり前の雰囲気となっていた。沖縄便にキャンペーンギャルを使うCMも、やめた。「新しいものへ挑む」という企業イメージの定着。

キーワードは「開拓精神」だ。

●決死の逃避行が生んだ「プラス思考」

40年1月21日。旧満州（中国東北部）の農村都市・佳木斯《ジャムス》（現・黒竜江省）で生まれる。父の太郎さんは、ブリヂストン系の日本足袋に入り、大連の貿易会社に配属された後、37年に独立して佳木斯で貿易商を始めた。母の文子さんは1男1女を得たが、病気で失い、3人目の自分は「一人っ子」のように育てられる。

佳木斯は、開拓が成功した地域で、父の会社は30万人ほどいた日本人を相手に、直足袋や長靴のほか、米や大豆などを輸入して売っていた。3階建ての洋館の1階に会社が入り、最盛期には日本人の男性が4人、タイピストや会計の女性らを加えると、12〜13人が働いていた。一家は2階に住み、敷地内には運転手や料理人ら中国人男性の家族も住んでいた。

生活は、豊かだった。子どもながら、人力車に乗り、家政婦をお供に映画をみに行くほどであった。大きな倉庫が二つあり、ときどき、そこにあった角砂糖をつまみ食いする。ただ、あとで母から聞いた話が多く、このころの記憶は、ほとんどない。まだ幼かったこともあるが、その後で経験したことが、あまりに強烈だったためかもしれない。わずかに、父に連れられて列車で旅をしたときに車窓からみた、広野の果てに沈んで行く真っ赤な夕日が、脳裏に残っているくらいだ。

45年。戦雲があやしくなり、父は関東軍に兵役で呼ばれて行く。8月9日朝。突然、自宅の周りに「ドカーン」と爆弾が落ちた。ソ連軍だ。父は捕虜となり、戻ってこない。母が隣組の年寄りや女性らと「逃げよう」と決め、翌朝、わずかな荷物を手に、駅から屋根のない貨車に乗った。

ここから先は、よく、覚えている。母は、女であることを隠すため、散切り頭にして、顔に鍋底の墨を塗った。南へ向かい、開拓団の村で馬小屋に寝かせてもらう。ソ連兵が来ると聞き、貨車を乗り継いで、先へ先へと逃げる。途中で止まり、

「お金が足りない」

と言われ、母たちがかき集めて渡すと、また動き出す、というようなことがあった。飛行場のある町に着き、屋根のある格納庫でゆっくり寝かせてもらおうと思ったのに、入れてもらえなかったこともある。何日もろくなものも食べられず、お腹をこわし、母に、

「目がまぶしくて、みえない」

と訴えた。

「死の淵」にいたようだ。

母は、

「これでは、この子の命がなくなる。無理しても、ハルピンへ行かなくてはいけない」

と、決意したらしい。翌朝、500キロ離れたハルピンを目指す。佳木斯を出たときは、年寄りと女子どもで30人いたが、女ばかり12〜13人と乳幼児だけになっていた。逃避行は、さらに厳しくなる。秋の雨に、何度もずぶ濡れになった。夜の駅舎で寝ながら汽車を待つとき、寒さが身に染みた。2カ月かけて、ハルピンに着く。父がかつて働いていた貿易会社のビルへ行き、やっと、屋根のある家で寝ることができた。

ハルピンでは、母が和菓子屋から大福を仕入れ、道端で売って生活を支える。次に、ロシア正教のソフィア教堂の隣にある大きなバザール（市場）の野菜屋で、働いていた。母がいない間、若い女性が日本人教室のようなものに、連れて行ってくれた。みんなが、助け合って生き抜こうとしていた。

46年11月。ようやく引き揚げ船に乗ることができ、博多港へ着く。佳木斯を出て1年3カ月。

「明日は、今日よりもいいはずだ」

何度も、自分に言い聞かせた。母も、同じだったに違いない。

父の実家があった岡山県北房町で、小学校に入る。だが、栄養失調がひどく、1日だけで休学。肺炎をこじらせ、もうろうとして寝ているとき、家族が、

「洋治も、もうおしまいだな」

と話しているのが聞こえた。自分でも、もうだめか、と思う。祖母が、全快を祈って、水垢離《みずごり》を続けてくれた。ようやくペニシリンが手に入り、注射を打とうというところで、熱が下がった。

2度目の「死の淵」だった。

「最後は、きっと、うまくいく」

そんなプラス思考も、体の奥に、染み込んでいく。

●ヨットか、中国か

1年遅れて学校へ戻り、徐々に体力を回復する。父も帰国。高校を出るまで岡山市ですごし、慶応大学法学部政治学科へ進む。

62年4月。大学3年になるとき、中国の政治や歴史を教えていた石川忠雄教授（のちに塾長）のゼミを希望する。2年のときに教授の「現代中国論」を聞き、体の奥深くにあった「中国」が、刺激されたらしい。ただ、石川ゼミへの希望者は多かった。1クラスから1人程度しか入れない。同級生の光永輝彦さん（現・東北ポーラ相談役）も希望していた。ともにリポートを出し、面接を受けて、合格発表をみに行くと、2人とも名前があった。ただ、なぜか、2人の名前の前に○印がある。光永さんの肩をたたいて、

「おい、あったぞ。われわれ秀才は違うな、丸が付いているぞ」

と喜ぶと、光永さんが、欄外に、

「○印の付いている者は研究室に来なさい」

とあるのをみつけた。研究室へ行くと、教授に、

「きみは、体育会のヨット部に入っているが、ゼミと両方は難しい。どちらを選ぶのか」

と問われる。生まれたとき、父は日本から旧満州へ帰る船の上にいて、命名を船長に相談した。

「太平洋を治める男になれ」

そんな願いをこめて、「洋治」とつけてくれた。だから、中学校で水泳部に入り、高校時代には「船乗りになろう」と、商船学校の本を買って読んだ。近視が進んで船乗りは断念したが、海が大好きになり、大学ではヨット部に入っていた。そのヨット部を、やめた。「中国」への思いが、それほど、胸の内で膨らんでいた。

石川ゼミは、入ると、すぐに教授と相談して、卒業論文のテーマを決める。何にするか尋ねられ、即座に、

「日中貿易にします」

と答えた。教授の講座からいって、普通は中国の国家論、共産党と国民党の違い、蔣介石・毛沢東・周恩来の比較など、政治の分野から選ぶ。だが、「開拓精神」で、何か、新しいことがやりたかった。光永さんが、覚えていた。

「大橋君に『何で貿易なんだ』と尋ねると、『いずれ、中国と日本は国交を正常化する。そのとき

に、日中貿易がたいへん大事になるよ』という返事が返ってきた」

問題は、自分と似たテーマに取り組んだ先輩がいないことだった。何らアドバイスも受けられず、すべて、1人でやらなくてはいけない。卒論は難航した。東京・神田の古本屋へ行き、関係する本を探したが、当時は「中国の本」といえば、共産党的な立場のものばかり。教授には、

「それらは一方的だから、もっと資料を広く集め、人の話をたくさん聞いたらどうだ」

と指導される。何かの拍子に、父にそのことを話すと、日中貿易の推進者だった岡崎嘉平太さんを紹介された。岡崎さんは父と同じ岡山県の出身で、戦前は上海の銀行にいた。父は、仕事を通じて面識があったらしい。当時は全日空の社長で、連絡すると、快く会ってくれた。毎月、詰め襟姿で訪ね、社長室で話を聞かせてもらう。社長室はいつも開けっ放しで、みんなが自由に出入りしている。活気を感じ、強く惹かれた。

「この会社に、就職したい」

●いくらでも出る「いたずら」の案

64年4月。岡崎さんには別に頼まなかったが、希望はかなった。資材調達の仕事を6年やった後、人事勤労畑を長く歩む。労使交渉でつるし上げられ、ストの連続で追い詰められもした。だが、「職場が明るければ、最後は、きっと、うまくいく」

のプラス思考で、乗り切る。以後、行く先々の職場で、明るくするためにある手を使う。「いたずら」だ。

人事部の給与課長時代、部屋の奥に部長だった野村吉三郎さん（現・会長）の席があり、自分の席が向かい合っていた。日々の仕事は部下に任せ、給与関係の本などを読んでいたが、野村さんが始終、

「大橋くん、今日は何か……」

と聞いてくるのがうるさくて、ある日から、こっそりと、部長の机を少しずつ向こう側へ回して行く。かなり進んでも、野村さんは気づかない。2人の角度がはずれかかったころ、もう1人いた課長が、

「あれっ、部長の机、こっちへ向いとるぞ」

と言い出して、ばれてしまう。えらく怒られた。でも、やめない。

「野村さんのような真面目な人にやるからこそ、意味がある」

宣伝販促部長のときは、朝一番早く職場へ来て、部屋のすべての電話の受話器の下のボタンを、セロテープで押さえつけておいた。みんなが出て来て始業時間になると、部屋中で、電話が鳴り続ける。受話器をとっても、ボタンが上がらず、つながらないためだ。誰も、仕掛けに気づかず、

「どうしたのかな、故障かな？」

などと言い合っている。知らんぷりして、笑っていた。国際線を含めた業容拡大期で、連日、深夜まで残業が続くなか、「笑い」は新しいことを切り拓く原動力だった。

93年6月。成田支店長になったころが、ピークだった。決裁書類の支店長が判を押す欄に「大

橋」と押すべきところを、知らん顔をして「雲国斎」とか「雲竹斎」という判を押していた。それらは、読みようで「うんこくさい」「うんちくさい」となる。書類を回すと、何人もが気づかずに、自分の判を押していた。だが、総務課長だった中村昭彦さん（現・広報室長）に、みつかってしまう。

「ダメです。やり直しを」

となったが、笑いは、めいっぱい誘った。そういう「武器」を、普段から「開拓」しておくのが、また楽しい。むろん、「職場の明るさ」だけに時間を費やしたわけではない。

95年6月。ニューヨーク支店長になると、毎朝、マンハッタンのオフィスへ寄った後、ケネディ空港へ日参した。午前10時ころに着く全日空便のゲートに立ち、客を出迎え、午後早く出る東京行きの便の客を見送ってから、オフィスへ戻る。現地駐在のビジネスマンや頻繁な出張者らと顔なじみになり、常連客になってもらう狙いだ。ときに、日航やノースウエストの便で来る日本人客も出迎え、1日にオフィスと空港を何回か往復したこともある。

「全日空は後発組だけに、ゲートの割り当てが遠かった。大橋さんはそこまで足を運び、エコノミークラスのお客さまにも頭を下げていた。ライバル会社は、よほどのＶＩＰでないと、支店長は出迎えない。米国の会社は、そんなことは、全くやらなかった」

部下だった安川雅行さん（現・ＡＮＡセールス＆ツアーズ常務）は、その「開拓精神」に、感心した。日本人の社会でも、評判となる。

●退路を断って「垢落とし」

97年春。「航空業界のドン」と言われた若狭得治名誉会長、最後の国鉄総裁だった杉浦喬也会長という元運輸事務次官コンビと、生え抜きの普勝清治社長が役員人事などを巡って対立。差し違える形で、3人が退任した。普勝氏が混乱収拾のために後継社長に指名したのが、専務だった野村さん。その片腕として、ニューヨークから人事労務担当常務に呼び戻される。

翌年、会社は無配に転落した。不況の打撃も大きかったが、水膨れとなったコストは放置されたまま、「規制産業」のぬるま湯から抜け出しきれず、営業努力も足りなかった。緊急策として「ベア原則ゼロ」を立案する。当然、組合は反発した。だが、

「後ろには、下がる道はない」

と、背水の陣の気迫で実現する。

副社長・販売本部長になると、規制緩和を生かし、「早割」「超割」など新たな割引運賃を開拓、業績を大きく回復する。2001年4月に社長に就任したときは、その勢いで、宿願だった国際線の黒字化も復配も、目前のはずだった。だが、「9・11同時テロ」が起き、イラク戦争やSARS（新型肺炎）が続く。客足は、大きく落ちる。一方、日本航空と日本エアシステムの経営統合が発表され、競争は、いちだんと激化した。

選ぶ道は一つ。02年の年が明けると、

「50年間たまった垢を落とす」

と宣言。「非連続の経営」を本格化させる。04年3月期での復配も公約する。周囲は、

「そんなことを言うと、できないときに引責辞任に追い込まれる」

と止めたが、そうやって、退路を断つことこそ、自分らしい。

まず、路線の見直しだ。非効率な地方便は思い切って減らし、収益力のある幹線に振り替えた。03年度からは機材の整備費を圧縮し、管理職の給与や退職金を減額、計300億円のコスト削減に動く。さらに、一般社員の基本給引き下げも、打ち出した。

こうして、04年3月期には一気に黒字へ転じ、7年ぶりに配当を復活させる。だが、社内には、階級意識や縦割りの弊害など、官僚的な体質が、根強く残る。

「敵は外ではなく、内にある」

繰り返し警告してきたが、意識改革は、まだ道半ばだ。とくに、上に立つ人間に、もっと、変わってほしい。だから、役員の体制を変えたし、報酬も下げた。さらに、

「役員は『役得』でなく、『役損』を考えてほしい」

と言いたい。社長というのは、いかに自分に「役損」を徹底するかだ。パイロットの人たちも、「役損」のようなことを、考えてほしい。もちろん、そう訴える一方で、「プラス思考」は、捨てていない。

「これまで管理型の企業風土に安住し、元気のいい人材を生かしてこなかった。でも、そこを直し

て、いままでと違うようにやれば、それだけ伸びる余地があるはずだ」

やはり、「非連続の経営」なのだ。

●北京・上海へは「国内線」のように

復配の公約は実現した。だが、管理職ばかりか、一般社員の給与も下げた。その痛みを癒やしてもらうには、明日へ向かって、社内の気持ちがそろう目標が必要だ。それは、「アジアで一番になる」だと思う。いま、売上高、利益、評価などで一番はシンガポール航空で、全日空はキャセイ航空とともに二番手グループ。これを、羽田の第4滑走路が完成する09年には、トップに立たせる。勝負はアジア、とくに中国線だ。ここで、「開拓精神」を発揮したい。

中国線は、成田、関西、福岡から大連、北京、上海、青島、瀋陽、廈門、杭州へと路線を増やし、もう週91便（香港便を除く）になった。日航にも、水を開けた。国際線に占める比率も、旅客数が22・6％、貨物の重量は34・2％へ上がり、中国線だけでみれば黒字だ。03年1月には、中国人乗務員を上海で募集。上海・北京と成田・関西を結ぶ便で、35人が中国語でのサービスを始めた。

北京と上海へは、もっと便を増やし、国内線のような感覚にする。発着地点も拡大したい。いま、沿岸部以外は瀋陽だけ。インフラ整備が進めば、奥地へも増やせるだろう。中国人の客室乗務員も、もう35人増やす計画で、全便に少なくとも1人は配置したい。

「のめり込みすぎ、と心配する声もあるが、08年の北京五輪、10年の上海万博へ向けて、いまがチャンスだ」

中国重視は、「中国が故郷」という社長の「開拓精神」で、ますます拍車がかかる。

大橋さんの「Ａｇａｉｎ」

「明日は、今日よりいいはずだ」

そんな思いが染み込んだハルピン市へ、この本の企画である「Ａｇａｉｎ」で訪ねた。04年5月2日から2泊。筆者の提案で、母の文子さんも同行する。自分は、4年前の中国出張時にハルピンと佳木斯を訪ねているが、母は58年ぶりに「満州」の土を踏む。

●なぜか思い出す「クーニャン」の味

成田から全日空機で北京へ。中国国際航空に乗り継いで、ハルピンへ飛ぶ。二つの便とも、窓側に母、通路側に自分が座る。食事など、世話がしやすいためだ。ハルピンに近づくと、雨の中、畑や家並みが霞んでみえた。母が、窓に顔をつけるようにしてみている。この地域独特の黒い土とポプラの並木。どんな想いがよぎったのだろうか。

翌朝、市一番の繁華街である中央大街へ行く。ホテルから車で、街を流れる松花江沿いを走った。ここは黒竜江省の省都で、19世紀末にロシア人が多数移住したため、ロシア風の建築物がいくつも残る。ライラックの白い花が、こぼれ始めていた。緯度でいえば、北海道の稚内あたりか。

中央大街と西七道街が交差するところで、降りた。メーデーの連休で、人出が多い。周囲を見渡したが、正直言って、思い出すことはない。少し歩いて行くと、日本商社のビルが残っていた。母が目を輝かせて、「覚えています」とひと言。その先は、石畳になっていた。記憶が、甦り始める。

「ソ連兵のジープにひかれそうになったのは、このへんだ」

ソ連兵から逃げるとき、ほかの子どもたちは、さーっ、と隠れたが、自分は栄養失調で、足が前へ進まなかった。その場面の夢を、その後、何度もみた。

「夏の日は、この道端で、ホオズキのような形をして、イチゴのような味がしたクーニャンという実を売っていて、新聞紙を丸めた中に入れてくれた」

なぜか、クーニャンの味を思い出す。

次に、ロシア正教のソフィア教堂へ回る。ここは、母子とも、よく覚えている。ただ、教堂の三方を、いまではデパートが囲んでいた。その一つは、大バザールの跡に建てられた。教堂に入ると、展示写真に、その大バザールが写っている。母が、声を上げた。

「ここで、働いたわ。前を電車が走っていたけど、乗れるような身分ではなかった。ああ、懐かしいわね」

それを聞いて、

「一緒に来て、よかったな」

と、しみじみ思う。

●必ず来る「明日」

午後は、極楽寺を訪ねる。母はおなかに自分がいるとき、ここに、お参りした。

「今度こそ、生まれた子が健康に育ってほしい」

そう祈願した、と聞いた。そのときの写真を、母は持って来ていた。だが、写真にある仏像が見当たらない。奥に新しくできた観音堂の回廊を回り、観音様が龍に乗った絵の前で立ち止まる。母が祈願した仏像の代わりに、観音さまに「おぎゃあ」とつぶやいた。

ホテルへ帰るころ、母の足が、少し遅くなる。自然に、手をとった。

帰国する日、朝食に、昔食べたことのある「茶玉子」が出た。皮をむきながら、話がはずむ。空港への車中でも、思い出話が続く。

「ハルピンを出るとき、僕は覚えていないけど、おふくろが『さ～ら～ば、ハルピンよ、また来る日～ま～で～』と歌ったそうだね」

そう言うと、母が、

「本当に、また来ました。私だけじゃないの、あのとき逃げた人で、また来られたのは」

と続けた。

「そうだろうな」

声にならず、頷いた。

ソフィア教堂の円い屋根が、懐かしかった。逃避行が終わり、ようやくハルピンに着いたとき、雨の中を歩いていたら、稲妻が光り、教堂の屋根がパッと浮かび上がった。あの光景は、忘れたことがない。

「ああ、必ず、明日は来るんだ」

そう思ったときだった。母は、わが子の下痢が止まらず、薬もなく、味噌とニンニクにモグサを混ぜた「へそ灸」に祈りを込めたことを、ずっと覚えていた。最後に、2人で口をそろえた。

「中国の人に、ひどい目に遭ったことはない。ありがたかったという思いだけです」

いま、母とは同居しているが、ふだんは朝6時に出かけ、夜も遅く、食事を一緒にすることも、ゆっくり話すこともない。だが、この3日間は違った。機中でも、ホテルでも、たくさん話した。こんなに話したことは、いつ以来か。肩や腕に手を回すと、ずいぶん小さくなったな、と思った。母に、次は佳木斯へ行ってみたいか聞いた。すぐに、

「行ってみたい」

と返ってきた。必ず、一緒に行かなくてはいけない。

母子２人にとって思い出深いハルピンのソフィア教堂は、昔のまま残っていた

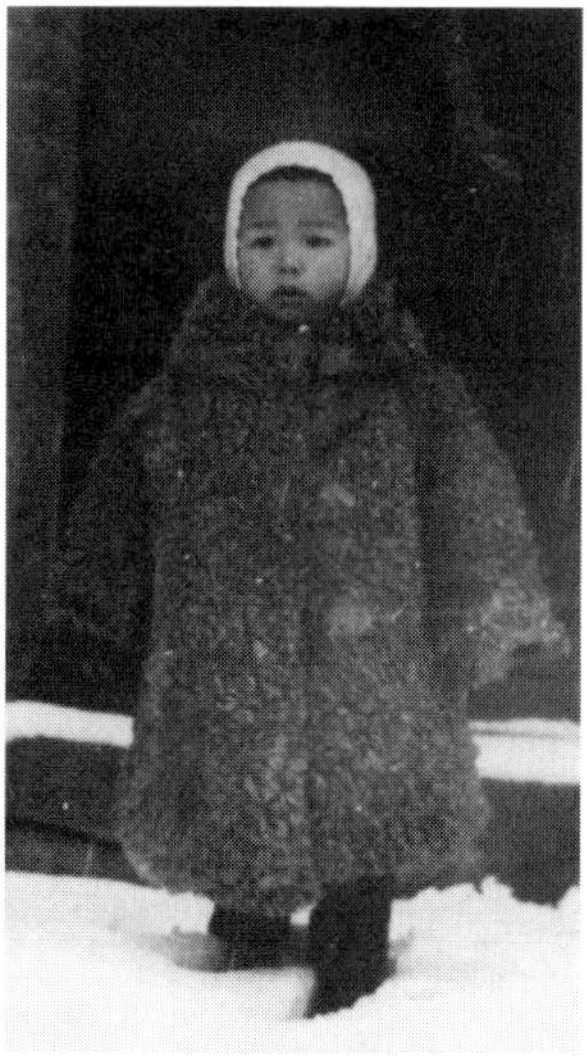

３歳の冬、零下40度にもなる佳木斯で

社長になったとき、「利益1000億円」「株価1000円」を目指して、専用車のナンバーを「1000」にした。よく食べ、よく飲み、よく笑い、ギョーザが大好物。せっかちで、何か決めると、即座に「いつできる？」と聞く。ネクタイは、ニューヨーク在勤時代以来のレジメンタル（ストライプ模様）党。音楽は、聴くのはクラシック、歌うのは「お吉物語」などの演歌。

アジアといえば、若い人たちには、もっと中国と接してもらいたい。

本文にあるように、私は旧満州生まれで、中国には特別の思いがある。だから言うわけではないが、中国は「一衣帯水」のところにあって、反目し合うようなことはできない。長い歴史の中ではけんかもするかもしれないが、やはり、仲良くしていかなくてはいけない。それには、中国の歴史のことをよく知らなければいけないが、その前に、自国の歴史を認識しなくてはならない。でないと、相手のことは言えない。それは、どの国と付き合うのにも必要だが、とりわけ第2次世界大戦のときに日本が侵略をした国々に対しては大事だ。日本の歴史を、よく勉強してほしい。

かつて、若い人は米国に憧れて行ったが、いまなら中国へ行ったらいい。その際、中国がいま置かれている状況も勉強することだ。それも、ただ「上海は栄えているが、地方との格差は大きい」といった現象面だけではなくて、中国の政治や経済がいまどういうふうになっているのか、ということを分析しなくてはいけない。単なる観光旅行ではだめだ。

日本人は明治以来、欧米にすべてを習ってきたから、中国や韓国の言葉を知る必要がなかった。だけど、いまは違う。知人の会社では、日本語以外に英語もできて、さらに中国語も話せたら、給与を2倍にすると聞いた。いまや、中国語はそのくらいの価値がある。習得することを勧める。

私も、大学のゼミに入るときに中国語が必須だったから習ったので、ある程度はわかるが、ぺらぺら話せないから、つい、通訳に任せてしまう。これでは、うまくならない。私を含めて、日本人は中国語の重要性が認識不足だ。早く、全日空の人間が何人かに1人は中国語が話せるようにしたい。そうすれば、会社も変わる。私も、車の中に中国語の教科書とテープを置いて、たまに聴いている。

若きビジネスパーソンへのメッセージ①

「物語」をつくれ。オンリーワン、ナンバーワンを目指せ！

全日空社長　大橋洋治

若い管理職の人やこれからなっていく人たちには「自分で明るい物語をつくれ」と言いたい。うちの会社で言えば、徹底的にお客さまにこだわり、「こういうことをやれば、全日空らしさを出せるサービスになるのではないか」というストーリーをつくって、その実現を目指す。それは難しいかもしれないが、「夢」は持ち続けなくてはいけない。「夢」がなくなったら、人生は終わりだ。

私は、「夢」を、しょっちゅうみてきた。小学校のときから好きだった本は英雄の伝記で、アレキサンダー大王やシーザーなどを読んだ。大学に入ってからはナポレオン。荒唐無稽かもしれないが、そういうリーダーになった人たちの物語を読んで、「自分も、こうなりたいな」という「夢」を持っていた。

まさか自分が社長になるとも思っていないし、「社長になるぞ」というような意味ではない。「こうやりたい」ということを、描くということだ。入社したとき、全日空は国際線に出るのが悲願だということだったが、本当に飛ぶなんて、誰も思っていなかった。だけど、「飛びたいな」と思い、本文にあるように自分の名前が「洋治」と付いた経緯を聞いて、「もしかしたら、そういう運命にあるのかもしれない」と実現を目指した。そういう「開拓精神」がほしい。

それも、常識を積み上げればできることではなく、ハードルの高いものに挑戦するべきだ。例えば、何かで「オンリーワン、ナンバーワン」になるというのもいい。いま、全日空は「2009年にアジアでナンバーワンになる」という目標を掲げているが、これは、非常にハードルが高い。日本の経済誌などの顧客満足度調査で１位や２位をとるが、英国の航空誌では９位か10位止まりだ。欧州人に評価が低い理由の一つは、機内食の量が少ないことのようだ。確かに、全日空の機内食は、１品１品の質は好評だが、量は少ない。「アジアでナンバーワンに」というのは、英航空誌でも１位になり、世界中でそう評価されるようにならないと、本当ではない。そういうサービスの実現には「明るい物語」が不可欠だ。

『友と「本音」で』

石原邦夫

いしはら・くにお（61）

東京海上日動火災保険社長

1943年、新京（旧満州）生まれ。東大法学部卒。66年に東京海上火災保険に入社。賠償責任保険の分野が長く、大阪と札幌で２度単身赴任を経験。95年取締役。常務などを経て01年６月に社長。同社でシステム部門経験者が社長になるのは初めて。04年10月に日動火災海上保険と合併し、引き続き社長。

薬害や製造物責任（ＰＬ）に対する賠償責任保険を開発し、世の中のニーズに応えた。
いま、地球環境の保全や個人情報保護など、保険の対象はどんどん広がる。
新たな商機をつかむには、お客の声にどれだけ応えることができるかがカギだ。
創業以来125年に及ぶ業界首位の座を守る船長は、「現場志向」へ舵をとる。

思いを伝えるだけでは、共通の目標に、立ち向かってはもらえない。
だから、いつも、まず相手の気持ちをよく聞くことから、始める。

●部下と一杯で「56連チャン」

1988年夏。東京・国立にあるコンピューターセンターに着任した。センターにある情報システム管理部と情報システム開発部、その両方の次長兼務だ、という。システム関連会社2社の社長も、やることになる。それまで、大阪支店の営業課長を3年。「現場」の仕事を楽しんでいたのに、一転、全く縁のなかった部門へ送り込まれた。

「何で、自分が?」

そう思ったのは、自分だけではない。入社して22年余り、とくにシステムと関係が深い仕事を経験したこともない。大学も法学部卒だ。社内でも、「意外な人事」だった。

聞くと、小売店などのPOS（販売時点情報管理）に似た事務処理システムを、全国の営業拠点に導入するときだった。その推進役になれ、という。もう一つ、数年後に予定しているコンピューターセンターの移転をうまく進めてくれ、とも言われた。だが、それだけでは、自分が選ばれた理由がわからない。

異動先の前々任者が、岡山の支店長に着任したと知って、大阪を離れる前に訪ねて聞いてみた。

すると、

「営業の経験があり、次長にいい年ごろだからだろう」

と言うくらいで、納得する話は出ない。まあ、人事などというのは、そんなものかもしれない。

そう思って国立へやってきたが、やはり、コンピューターの世界は、簡単ではない。専門の言葉も、仕事の中身も、素人にすぐわかるものではない。

「これは、とんでもないところへ来たな」

そう思ったとき、自然に、自分の道を選んでいた。

二つの部の人間を、次々に誘い出しては、酒を飲みながら話を聞く。歩いて10分余り、JR国立駅の南、一橋大学をすぎたあたりの飲み屋が多かった。どんな仕事をしているのか、どんな悩みを持っているのか。前任者からの引き継ぎや課長らの説明で、おおよその様子はわかる。でも、やはり、直に聞きたい。二つの部には、約300人いた。休日を除き、連日、数人ずつと続けた。当時の部下たちは、

「56連チャン」

と呼ぶ。そう、全員の話を聞くのに、56日かかった。そのなかで、

「コンピューターセンターというのは、一種の工場だ。コンピューターを動かす人もいるし、うまく動いているか監視する人もいる。それに乗っかるソフトをつくっている人もいる。同じソフトでも、大きなデザインを描く人もいるし、個々のプログラムを書く人もいる。いろんな人がいろんな

役割で、巨大なプロジェクトを動かしている」

と知る。さらに、二つの関連会社の数百人とも、つき合った。若い人の目線に合わせて聞くと、

「ここでは、いい人を採る、そして辞めないでもらう、ということが、何よりも大事なのだ」

とわかる。最初の「社長業」だった。

●すぐに覚えた全員の顔と名前

時代は、営業活動や商品開発などを連携させた複合的な経営戦略を求めていた。だが、社内は、自分の部門のことしか考えない縦割り組織で、横断的な作業は苦手だ。でも、システムを「つなぎ役」にすれば、そんな複合的な戦略も、推進できる。そう考えれば、システムは知らなくても、商品開発や営業などを経験してきたことが、意味を持つ。事実、社内ユーザーの側に立って議論もできたし、システム構築側との「つなぎ」もできた。結果、思いもしなかったことだが、会社全体を横断的に知る機会となる。

センターは、94年5月に多摩へ移す。翌年1月の阪神淡路大震災では、神戸などにあるシステムの被害は、最小限ですんだ。一連の経験が、04年10月1日の日動火災海上との合併で、役に立つ。「みずほ」の例をみるまでもなく、合併では、システムの統合が最重要課題であり、難しい。どこに課題があり、どこで山や谷が来るか、トップの理解が不可欠だ。結局、システム部門には7年も

いることになったが、それが、生きた。

当時、課長として仕えた横塚裕志さん（現・ＩＴ企画部長）に、強く印象に残ったことがある。

「56連チャンの間、石原さんは機械的にこなすのではなく、１人ひとりの仕事について、突っ込んで聞いていた。その成果か、３００人全員の顔と名前を、すぐに覚えてしまった。さらに、関連会社の社員まで覚えていた」

いまでも、センターへいって顔見知りに会うと、

「やあ、○○ちゃん」

と名前で呼ぶ。当時からいる関連会社の女性たちが、

「社長の名刺を、ちょうだい」

と集まってくる。みんなが、

「自分たちの社長が、本社の社長になった」

と喜んでくれているのが、よくわかる。この人たちが、本社と支店・代理店のオンラインや社内のシステムを、築いてくれた。すべて、業界トップだ。代理店オンラインでは、商品、事務、営業推進などさまざまな情報を組み合わせ、すぐにニーズに応えることが可能だ。現場が受けたお客の不満や要望の内容を、全社で共有することもできる。縦割り組織の弱点を補って、古い手法と決別する「非連続の経営」の、重要な武器となっている。

キーワードは「肉声」だ。

●中学時代から「大人の雰囲気」

43年10月17日、旧満州の新京（長春）で生まれる。父の紫朗さんが満州鉱山に勤務していたためで、母はさちさん。姉が1人いたが、自分が生まれる前に亡くなり、「一人っ子」のように育つ。戦後、46年に一家で帰国。両親の実家がある水戸で1年ほど暮らした後、東京の目黒区へ移り、そこで小学校に入る。4年生のときに千代田区へ引っ越し、麴町小学校に転校した。

野球が大好きで、母がクリスマスに布でつくってくれたグローブで、三角ベースを楽しんだ。「右投げ左打ち」が格好いいと思い、右利きなのに、そうしていた。ベーゴマやメンコでも遊んだが、相撲も好きだった。「右四つからの左出し投げ」が得意で、初代若乃花の大ファン。「相撲」という雑誌を、とっていた。

5年生で、また、世田谷区へ転居する。東急玉電と都電を乗り換えて、通学した。そのころ、正月の2日に父と皇居へ参賀に行き、ぎゅうぎゅう詰めの中で「二重橋事件」に遭遇する。持っていた蛇腹のカメラが、つぶれた。帰宅し、子どもを含めて16人もが圧死したと聞き、衝撃を受ける。

56年初春。中学進学の前に、自宅に近い世田谷区立の学校にするか、小学校に近い麴町中学にするか、考えた。結局、友だちの多い麴町中を選ぶ。3年生のとき、クラス委員に選ばれ、さらに、各学年の委員が集まる「全校協議会」の議長になった。生徒総会などで、全校生の前でマイクなしに話し、司会役も務める。話し好きの母親の血を引いたのか、大勢の前でも、物怖じしない。ただ、みんなで話し合おうと呼びかけても、ときに、騒いで話を聞こうとしないのには、苦労した。自由な雰囲気ではあっても、徐々に、高校進学の圧力がストレスになっていたのだろうか。

あるとき、クラスで集団が騒ぎ始め、収拾がつかなくなる。でも、先生が戻ってくるとわかると、ぴたっと静かになった。戻った先生が、

「おい、石原、どうだった?」

と聞くので、

「ちゃんと、やっていました」

と答えた。

「あいつが悪かった」

などというのは、よしとしない。みんなも、そういうところは、知っていた。同級生で、放送委員をしていた川戸恵子さん(現・TBS解説委員)は、

「石原さんは、いつも落ち着いていて、1人だけ大人の雰囲気だった。背が高く、後ろのほうの席にいて、みんなの話をじっくり聞いていた」

と言ってくれる。クラス委員は、いろいろ伝えることが役目だが、級友たちがどんな気持ちでいるのか、「肉声」をよく聞いて読み取るほうが、もっと大事だと考えていた。

やはり同級だった溝渕雅也さんも、覚えている。

「よく一緒にハイキングへ行ったけど、みんなが『先へ先へ』と急ぐなか、石原だけは、ゆっくりやってきた。授業中でも、奇抜な質問や先走った質問など、しない。若くても、一種『いぶし銀』のようだった。けんかがあれば、なだめ役。いつも、『自分』を二の次に置こうとしていた」

64年3月。東大法学部2年のときに、卒業式で大河内一男総長が、

「太った豚よりはやせたソクラテスになりたい、という言葉がある。諸君が、そのように決意したとき、日本は本当にいい国になる」

と話した。これこそ「象牙の塔」からのメッセージだ。そう思ったことを、鮮明に記憶している。その大学時代は、「書芸界」という書道クラブに属していた。4年のときの五月祭で、法学部長に揮毫《きごう》を頼むと、

「不厭高《ふえんこう》」

と書いてくれた。高きを厭《いと》わず、目標は革新的に、との意味だと聞いた。

●「稗田阿礼」と呼ばれた賠責保険

就職は、上級公務員試験に受かったが、成績からみて、希望の省庁へはいけないと判断して、やめた。日本興業銀行、東京電力、八幡製鉄などを回ったが、東京海上が早く内定をくれ、父の薦めもあって決めた。いまの学生のようには会社のことを調べなかったが、「海外に出ている会社」と

いうくらいのイメージで、面接担当が、

「入社しなくても、いずれお客さんになってくれるかもしれない」

と思ったのか、すごく親切だったのが、気に入った。

66年4月。入社すると、東京新橋の支社で実地研修。その後、東京営業一部直営課に配属される。営業担当者の「お守り役」で、新種の保険を売るときに、相手によってどういう条件を付けたらいいかを考えるため、一緒に出かける。毎朝、新聞の記事をみては、

「ここの会社なら、新種保険が売れそうだ」

と、飛び込み営業を続けた。だが、客の「肉声」は、想像以上に厳しい。一つ一つ、ていねいに聞いては、契約をお願いした。

「こんなに頭を下げる仕事なのか」

顧客主導の時代を、予感する。

68年12月。大事件が起きる。東京・府中で、現金輸送車が偽の白バイにボーナス用の資金を奪われた。「3億円事件」だ。翌春、金融機関向け新保険の開発部門へ移り、現金や小切手はもちろん、銀行が保管中・運送中のものまですべてをカバーする「現金動産総合保険」の開発に加わり、営業部隊と組んで売りまくる。同時に、銀行の厳しい「肉声」に、鍛えられた。

69年6月から10年間、賠償責任保険の開発を担当する。公害に続き、薬害など企業の製造物責任(PL)が問われ、各種の被害者への賠償問題が広がった時期だ。濡れたネコを電子レンジで乾か

して感電死したら、

「そんな危険は、説明書に書いていていない」

と、輸出したメーカーが多額の賠償金を請求された。米国の話だが、そんな類のことが、次々に出てくる。輸出車でも、衝突の衝撃が車体の強度を上回ってつぶれる可能性や、二輪車でかぶるヘルメットはけがを防ぎきれないことまで、仕様書であえて「警告」していなければ、問題にされた。幼児が「メード・イン・ジャパン」のおもちゃで遊んでいて、部品か何かをのみ込んだりすれば、たいへんな騒ぎとなる。そんなときの賠償額をカバーする「輸出生産物の賠責保険」は、損害率が高く、社内で問題になっていた。つくり直しが、必要だった。

「世の中の声」が、次々に新しい保険を引き出す――予感は的中した。

このとき部下だった梅木裕世さん（現・内部監査部長）にとって、印象的なのは、やはり「聞き上手」だ。

「手がけたのは、どれも、日本の常識とかけ離れた難しいテーマばかり。しかも、対応の時間は限られていた。でも、石原さんはイライラもせず、輸出車でいえば、事故データをたくさん集めて数理的に分析し、メーカーや代理店の声も聞いて、妥当な保険料や賠償額を決めていた。当時、保険の対象になるかどうかひっかかっていた事故が、常時40～50件あり、担当者が土日も交代で出社して処理していたけど、石原さんは最終判断役だから、いつも出ていた。ここでも、みんなの報告や分析をじっくり聞いて、決裁していた」

「賠責の稗田阿礼」。職場で、そう呼ばれるほど、賠償責任の具体例に通じた。だから、業界が催す賠責講座の講師も頼まれる。仕組みを含めて、あまり面白くはない話だが、米国の専門誌「Business Insurance」などで欧米の実例を仕込み、物語風にかみくだいて、教えた。

このとき口にした、

「日本でも10年、20年後には、同じことが起きる」

との予言が的中する。いまでも専門分野を問われれば、「賠責」と答える。

●「現地・現場」を第一に

85年8月1日。大阪へ転勤する。初めての単身赴任だ。行くと、すごい暑さだった。独身寮の部屋には冷房もなく、あわてて扇風機を買いに出る。阪神タイガースが優勝した年で、大阪じゅうが沸き返っていたが、平日はともかく、週末は寂しかった。1人でぽつんとしているのが嫌で、車を借りて、神戸方面などへ出かける。ゴルフも、よくやった。会社の書道部長を引き受け、書道も再開する。そんなこんなで、ようやく大阪生活が楽しめるようになったところでの、冒頭のシステム部門への異動だったのだ。

95年6月。取締役となり、北海道本部長として札幌へ行く。バブル崩壊で、道内経済は落ち込んでいた。そこへ、北海道拓殖銀行の経営破綻が、追い打ちをかける。業績は、厳しい数字が続く。

98年春、ついに、やりたくはなかった手法に、踏み切った。40ある道内の営業と事故処理の拠点へ、毎晩、ファクスを送る。拠点ごとの営業目標の進捗度を、数字とグラフで成績順に並べた。それまでは、週に1〜2回程度だった。

石原流では、例のない厳しさだ。

当時、本社は、全国共通の「営業方針」を流してきた。だが、地震保険一つとっても、地域によって、事情は違う。狭い土地に家を建てる首都圏では、危険度も高いし、倒壊したときに住む家がすぐにはみつからないから、契約もとれる。でも、広々として代替地がすぐにみつかる北海道では、そのままの商品では、売れない。

「地域によって経済状況、文化、風土が違うのに、わかっていない。東京発の策には、ろくなものがない。すべて、北海道バージョンに焼き直して売ろう」

そう宣言して、「現地・現場主義」で商品設計から直してきたが、そんな工夫も、限界にきていた。

毎日届くファクスは、成績の悪いところほど、辛い。その代わりというわけではないが、そういうところへほど、足を運ぶ。

「代理店から支社に対し、苦情や提案が出ている」

と聞けば、本部の会議の日程をずらしてでも、すぐに、出向く。自ら代理店の「肉声」を聞き、支社長を後押しする策を講じた。根室、釧路、稚内、函館など、冬は飛行機の欠航も多かったが、4年間に搭乗回数は100回を超えた。本部長スタッフなどを務めた大町晃弘さん(現・営業推進

部業務マーケティンググループリーダー）は、

「ともかく、現地・現場主義だった。現場には、ややこしい話も多かったが、石原さんは用意は周到で、代理店に『一緒に泣き、一緒に喜んでくれる人が来た』と言ってもらい、営業拠点は助かった。たまに札幌の本部長室にいるときも、現業部門へ下りてきて、『どう？』などと社内の声も聞いていた。何よりも、直接対話を大事にしていましたね」

と振り返る。

札幌本部の下には部と支店が計六つあり、毎月、部店長会議があった。大町さんは、こんなことも、覚えていた。

「石原さんがよく話を聞くので、みんな、言いたいことを言っていた。石原さんは、様々な意見が出て、揺れたり振れたりするのを、じっと聞き、それが収斂するのを待った。決まるのが遅くなり、いらいらした人もいたと思うが、実は、採用されなくなる側の意見を、よく聞いてあげていた」

そう。ただ、聞けばいいのではない。誰から聞くかも、重要だ。

●机をどけて「目線」を合わす

01年6月。社長になって、ミレアグループ構築の仕事を引き継ぐ。朝日生命や共栄火災の撤収など、紆余曲折はあったが、東京海上と日動火災の持ち株会社「ミレアホールディングス」を設立する。合わせると、社員は1万7千人、代理店は6万9千。これだけ大きくなると、「肉声」で対話するのも、簡単ではない。

03年10月27日。本社の新館15階の大会議室で、秋の部店長会議を開いた。部店長会議といえば、長い間、上席に社長以下役員がずらりと横に並んで座り、対面する形で横長の机をたくさん並べて、参加する部長や支店長の席は、格に応じて決まっていた。

ところが、このとき、机はすべて取っ払い、椅子だけを扇形に並べて、席も自由にするように指示した。出席者は250人。部屋に入ってきた誰もが、

「おや?」

という顔をした。始まると、扇の要の位置に立つ。03年度下期の方針、「Ｔｏｋｉｏ's Ｑｕａｌｉｔｙ」と名付けた企業価値向上の活動、日動火災との合併の3点について話した。04年度からの中期計画の骨子にも、触れた。原稿は、みない。前方に読む装置を設けたが、座っている側は気づかない。

人事企画部長の城山一成さんは、扇状の5列目に座った。

「新しいことをすぐやる石原さんらしいな」

と思いながら聞いていると、みんなの顔を見回しながら話す社長と、ときどき、目が合う。役員陣と向き合った横長の形より、一体感があり、会場はうち解けた雰囲気だ。質問も、しやすくなった。前もって質問者を用意しておかなくても、活発に出る。

「合併後も、このスタイルでやったらいいいな」

そう、思う。

話す側も、大きな変化を感じた。机がないと、メモもあまりとらないし、資料もみなくなる。みんな、社長の「肉声」を、じっくり聞いた。

狙い通りだった。

社長になる少し前、テレビキャスターの露木茂さんに、話し方を診断してもらった。答えは、「下を見すぎるし、早口すぎます。ゆっくりすぎるかなと思うほど、ゆっくり話して下さい」

そういえば、中学校のときから、早口だっだ。

いま、通信衛星を使った社内放送に、1～2カ月ごとに出演する。秘書や広報が原稿を用意しても、読まない。打ち合わせも、しない。内容は、自分で考える。話すときは、カメラの向こうにいる社員たちを、みているつもりだ。社長になってからは、立って話している。放送では座って話す役員が多いが、自分は、そう決めた。

相手と同じ目線。やはり、それが一番だ。

石原さんの「Ａｇａｉｎ」

赤坂見附の交差点から、青山通りを三宅坂へ向かい、歩いて数分。坂を上がり、都道府県会館の手前を左に折れると、すぐ右側に麴町中学がある。04年4月6日、桜の花びらが風に舞うなか、「Ａｇａｉｎ」で訪ねた。この日は、午前中に始業式があり、午後1時から入学式が行われていた。

●宝物は小学校3年の「辞令」

午後2時に到着する。門から校舎の入り口まで、新入生を迎えるために、チューリップやスイートピーがあふれたフラワーボックスが、並んでいる。その「花道」を歩み、校庭の学校全体がみえる位置に立つ。見回すと、道路沿いには茂った木々が残っているが、学校をはさむように、両側に22階建てと15階建てのビルがそびえる。

景色は、様変わりしていた。

「都心は、オフィスばかりで、みんな郊外に住むようになったからね。見上げると、空が狭くなったな」

在校当時からあるシュロの木の前で写真を撮っていると、校舎から、2、3年生が姿を現す。入学式に出ていたらしい。校舎の外壁に、新入生全員の名前が張り出してある。2学級で計61人。自分たちのときのクラスは57人。学年に10学級あり、計５６５人もいた。10分の1近くまで減っている。

ちょっと、残念だ。校庭は、1周１００メートルのコースをとるのがやっと。東京でも、小さい方から何番目かだろう。でも、ここで運動会をやった。いまでも続いているそうだ。

ふだんは、当時のことは、あまり思い浮かばない。だが、ここに立って思えば、遠くからよく通っていたものだ。やはり、自由な雰囲気が好きだった。それに、友だちだ。

実は、自宅に、当時の手帳が、大事にとってある。茶色の表紙で、興味を持っていた「書体」や「モールス信号」の一覧表、56年12月に組閣された石橋湛山内閣の閣僚名簿、著名企業十数社の社章などが、貼ってある。社章の中には、偶然にも、東京海上も入っている。気持ちが正直に表れているのが、「宝物箱目録」と書いたページだ。十数項目あって、最初に「菅刈小学校　3年3組1学期学級委員の辞令」を挙げている。次は「愛犬タロ、チロの記念皮」、後のほうに「麴町中の校章」もある。

あのころは、60年安保騒動の前夜で、学校の周辺も騒然としかかっていた。でも、なおかつ、自分たちは平穏で、自由な日々を過ごしているという、一種アンバランスな感じがした記憶もある。

そんなことを思い起こしていると、

「こんにちはー」

帰途につく生徒たちが、次々に、声をかけていく。男子は黒い詰め襟の制服、帽子はかぶっていない。女子は紺の上下で、箱ひだのスカート。

「当時と同じですね。帽子もかぶっていなかったし、門で服装をチェックすることなどもなかった。本当に、自主性を尊重してくれていましたね」

校歌は、歌人の佐佐木信綱が作詞した。その話になると、すぐに、

「千代田のみやゐの　緑に映えて」

と口ずさみ、ひとこと、

「覚えていますね」

その校歌が書かれた額が、事務室前にあった。

「これは、記憶にないな」

●振り返る「よすが」は、やはり友

卒業直後は、クラス会などで何回か訪れたが、しばらく、来ていない。学校の前は車で通るけど、校舎の中にまで入ったのは、本当に久しぶりだ。


思い起こせば、一人っ子で、自分が正しいとだけ思う「お山の大将」だった。麹町中学へ移り、いろんな友に出会って、

「やっぱり、自分だけで世の中なんて動くもんじゃない」

と思うようになる。そういった原点を、ここでの3年間がくれた。誰でもそうなのかもしれないが、ときに、自分を振り返る「よすが」みたいなものが、そのころの友ではないか。「原点回帰」とでも言うのか。すべてを一度ご破算にして、「いま」をみつめ直す――母校とか友とかは、そう

いう存在ではないか。

わずか30分いただけだったが、そんな思いが駆けめぐる。

この10日ほど前、そうした友たち4人と、横浜港にあるホテルに集まった。4階の客船のデッキに擬したレストランで、ワインを傾ける。やはり、昔話に花が咲く――。

会社経営の吉岡璋さん。

「石原は、みかけはスポーツマンの雰囲気だけど、親に『運動部は、けがをする心配がある』と入れてもらえず、書道部か何かに入っていたんじゃないか。特定の人とだけ付き合うことはなく、それは、社長になっても変わらないね」

弁護士の原田進安さん。

「背が高く、マスクはいい、成績はいいで、男にも女にも人気があった。できすぎて、つまらないくらいだった」

研究所代表の柳沢賢一郎さん。

「ボロを出さないし、みせなかったよね」

TBSの川戸恵子さん。

「いたずらっ子がいても、われ関せずの立場をとっていたわね。いまでも昔のまま、悠々としているわ」

遠慮のない「石原評」が、次々に出る。やはり、「聞き役」もいい。

中学時代の友と会えば、やはり昔の話になり、自分の原点とかやすらぎとかを感じる＝横浜港の「ホテル，ニューグランド」で

中学１年の夏、父紫朗さん（右）の実家に近い茨城県・大洗で

健啖家で、食べるのも飲むのも速い。２軒目への誘いも断らない。小さいときから書道を学び、大学でも書道クラブ。達筆で、部下は「何と書いてあるのか？」と解読に時間がかかる。北海道時代に楽しんだスキーは、直滑降による中央突破型。転び方も派手だ。世界に30点余りあるオランダの画家フェルメールの全作品を鑑賞するのが夢で、これまでに「真珠の耳飾りの少女」など22点と出合った。好きな言葉は「不厭高」。

47　石原邦夫（東京海上日動火災保険）

思う通りにいかないし、上司に自分が思うほどには評価されないし、お客さんとなかなかうまくいかない。そういうときに、あるところまで独りで考えるのは、もちろん大事だ。ただ、あるところまで考えたら、社内の上下、左右、斜めの人たちに悩みを打ち明け、そうして身近な専門家の知恵を結集する。一時の恥よりも結果を出すことを優先しなくてはいけない。それが「困難の分割」で、総合力を活かすほうが仕事も大きくなる。

それでもだめなときは「明日をのみ思い、今日のことを思い患うなかれ」だ。『風と共に去りぬ』で最後にスカーレット・オハラが「明日は明日の太陽が昇る」と言って出て行くが、最後はそういう思い切りも必要だ。あまり思い詰めるな。

そして、一番大事なのは「継続は力なり、継続こそ力なり」だ。何かを精魂込めて続けていれば、誰かがみてくれている。「認めてもらえない」とひがんで自分を暗く追い詰めていくと、ろくなことはない。いつも一縷の望みを持ちながら、継続してほしい。やっぱり、前向きに考える明るい人のほうがいい。そこで大事になるのは、辛いときに仕事を忘れて一緒に過ごせる友だちだ。会社の仲間もさることながら、学生時代の友だちと、たまには馬鹿話をする。社会人になると、どうしても会社関係の付き合いが多くなるが、努めて違う世界の人たちと交遊を深めるといい。そのためには酒も役に立つ。ただ、酒に飲まれてはいけないし、身銭できれいに飲むことが大切だ。

こういうことを、入社式や研修で話してきた。私も、病気になって休んだり、仕事の上での失敗も数多くあったりした人間だが、ここまで何とかやれてきた。他社の社長さんの話を聞いても、最近はそういう方が多いようだ。一時の失敗を恐れるな。安心して「プロ」を目指せ。

若きビジネスパーソンへのメッセージ②

継続は力なり。執着心で「プロ」になれ！

東京海上日動火災保険社長　石原邦夫

よく「いまの若い者が」という言い方をするが、いまの時代、やることが多くて大変ななかで、若い人はよく勉強している。責任を考えてやってもいる。そう、捨てたものではない。ただ、職場で人間関係の悩みがあったり、相談相手がいなかったり。会社の中で自分の声が本当に届いているのか、手応えがないとの思いもあるようだ。そして、淡泊で、すぐあきらめてしまう。「会社が、こういうことをやってくれない」「自分たちが言ったお客さまの声が反映されない」とか言うが、その前に自分として何ができるのか、もっと執着心を持って、まず、やれることはやってみてほしい。

第１のアドバイスは「プロのすすめ」だ。アリストテレスは「人間は生まれながらにして知ることを欲している」と言ったが、まずは知ろうとする意欲が大事。そもそも社会人になるということは、プロにならなくてはいけないということだ。プロと言っても、単に学問を勉強することではない。このお客さんに関しては一番知っているとか、この代理店さんには「あの担当者がいたな」とずっと覚えていてもらえるとか。特定の地域の事情に誰よりも詳しいということでもいい。

そういう意味では、会社に入ってから３年の間に、「それは、あいつに聞け」と言われるだけものを何かつくるようにしよう。私も新入社員のときに、課長にそう言われた。それで、入社４年目に賠償責任保険の担当になったときに「これのプロになろう」と思い、本文にあるように「稗田阿礼」と言われるほど詳しくなるまで一生懸命、勉強した。「プロ」には「営業のプロ」もいるし「ある特定のお客さんに関するプロ」もいる。代理店さんが「今日あるのは、あの人が育ててくれたからだ」という「人間関係のプロ」もいる。いずれの場合でも、相手の「肉声」を聞くことが大事。

二つ目のアドバイスは「困難は分割せよ」だ。「われ思う、ゆえにわれ在り」で有名なデカルトは、『方法序説』で「難しい問題を解くときには、全体を解こうとしても難しいから、因数分解しろ。そうすると、答えは出てくる」という趣旨のことを言っている。それを、自分流に「困難を分割せよ」と言い換えている。誰でも会社に入ると、いろいろな局面がある。なかなか

『「負けず嫌い」を貫いて』

福井威夫

ふくい・たけお（60）

ホンダ社長

1944年、広島県呉市生まれ。早大理工学部応用化学科卒。69年に本田技研工業（ホンダ）に入社。研究所勤務以外にホンダレーシング社長、浜松製作所長、米国ホンダ製造社長などを経験。88年取締役。常務などを経て03年６月に社長。

Ｆ１もオートバイのレースも、かつて「走る実験場」と言われた。
最高の技術と最高の人間の組み合わせで、夢を次々に実現させた。
だが、いま、技術も人間も、市場という怪物に萎縮させられている。
創業者以来の「負けず嫌い」が、いま、社内を夢から始める集団に戻す。

これで、「ホンダらしい」といえるのか。人間も会社も、「普通」などになって、たまるものか。何度も、そう思ってきた。

●「よそと同じ」はつまらない

1977年秋。正直言って、退屈していた。入社して9年目。ずっと、本田技術研究所の四輪車を受け持つ和光研究所で、排ガス対策を担当している。でも、ホンダに入ったのは、F1の開発に加わりたかったからだ。だが、会社は、F1レースへの参加は、休止していた。

ある日、技術研究所の久米是志社長（のちのホンダ社長）に呼ばれる。自分を含めて3人が、聞かれた。

「レースに、復帰すべきだと思うか」

2人は、市販する四輪車の開発に全精力を傾け続けるべきだ、と答えた。だが、自分は違った。

「エンジン開発が、遅れている。レースをやらなければ、将来はない。復帰すべきだ。それも、F1だ」

経営批判にもつながる答えだ。これが、進路を大きく変えた。翌年1月、急に、二輪車を開発する朝霞研究所へ異動する。行き先は、F1ではなかったが、二輪レース用のエンジン開発チームだった。

ホンダの二輪は、59年にマン島のレースでデビュー。すぐに、4ストローク車で世界グランプリのチャンピオンの座を争うようになり、66年にはメーカータイトルで全5クラスを制覇した。67年までで世界グランプリの活動は休止し、市販量産車の開発に専念する。代わりにレースでトップに躍り出たのは、ヤマハやスズキの2ストローク車だ。

社内もファンも、世界グランプリへの復帰を、強く望んだ。

77年11月。河島喜好ホンダ社長（現・最高顧問）が復帰を宣言し、エンジン開発チームができる。チームに渡された開発要件書には、

「革新技術で、勝ち続ける」

とあった。これは、難題だ。主流の2ストロークでやっては、「革新」ではない。では、ホンダの強みの4ストロークで、新機軸を切り開くか。でも、「勝ち続ける」ともある。

2ストロークのほうが、始動から一気にパワーが出て、構造もシンプルで維持も簡単。音はうるさいが、レースに強い。一方、4ストロークは静かだし、排ガスが少ない。当然、市販車では主流だが、レースにはパワー不足。でも、4ストロークを選ぶ。しかも、例のない楕円形ピストンに、勝負を賭けた。

ピストンは、仕組みが簡単な真円形が「常識」だ。だが、楕円形にすれば、気筒に付ける吸排気のバルブ数を、倍増できる。点火プラグも二つにして、真円のピストンを2個つなげたのと同じようにする。そうすれば、制限があった気筒数を増やさなくても、パワーを出せる――そう考えた。

それより何より、

「よそと同じことをやっても、つまらない」

それが、伝統だった。

●駄々をこねずに「NS」も

そのエンジンを積んだ車が、「NR」(New Racing)だ。

79年8月12日。二輪の世界グランプリが英国で開かれ、「NR500」(500cc)がデビューした。朝霞で、朗報を待つ。だが、決勝に進んだ2台が、オイルにタイヤを滑らせ、電気系の故障を起こし、ともにすぐリタイア。無残な結果に終わる。それから3年。エンジンは数え切れないほど壊れ、ラジエーターもうまく働かない。「楕円形」は、世界グランプリで、勝てない。

82年4月。会社は、「勝つため」に、真円形の2ストロークエンジンも投入する。「NS」(New Sport)だ。当初の方針から、大きく振れた。でも、黙って、こちらも担当する。そして、「NS500」は3カ月後に勝利を上げ、翌年は年間チャンピオンとなる。

本当は、革新技術の粋である「NR」で、勝ちたかった。でも、営業から、何度も、「いい加減にしろ。ファンに、ホンダが負ける姿など、みせたくない」

と言われ、85年、「NR」は、ついに世界グランプリから姿を消す。この「敗北」が、自分を大きく変身させたとみる人がいる。二輪ジャーナリストの富樫ヨーコさんだ。

「それ以前の福井さんだったら、『NS』を持ち込むなど、決して受け入れなかった。それなら辞めると、駄々をこねたでしょう。でも、踏みとどまった。会社のために、ファンのために、黙って2ストロークもやった。あのとき、初めて『ビジネスマン福井』になったんじゃないですか」

8年後輩で、「NR」の開発チームに半年遅れで合流した金澤賢さん（現・ホンダ取締役兼本田技術研究所専務）も、似た印象を持つ。

「福井さんは『NR』と『NS』の開発を兼務することになり、ショックだったはずだ。自分だって、そうだ。2ストロークをやりたくて、開発チームに入ったわけではない。それを我慢したのは、世界グランプリの500ccクラスは二輪の頂点。何としても、ホンダが勝たねばいけない場だったからだ。負けず嫌いの福井さんらしく、『どうせやるなら、自分の手で』と考えたのでしょう」

2人の話を聞いて、頷く。

「そうかもしれない」

キーワードは「振り子」だ。

●留年までして狙った「三冠」

44年11月28日。広島県の呉市で生まれる。父は静夫さん、母は桃子さん。3人兄弟の末っ子だ。静夫さんは造船技術者で、呉の海軍工廠で軍艦の艇体をつくっていた。戦艦「大和」の建造にも加わる。終戦後、一家で東京へ移り、大田区の小学校から私立麻布中学、麻布高校へと進む。

「車」との出会いは、早かった。小学校6年のころ、遊園地でスクーターに乗る。運転すると、何か、すごくうれしかったのを覚えている。中学では、4歳上の長兄が持っていた原付自転車をもらう。高校時代は50 ccのバイク。とくに仲間はいなかったが、バイク好きが集まる崖みたいなところで、腕を競った。その次は、軽自動車だ。

64年4月。早大理工学部の応用化学科へ入学。父は造船工学か機械工学へ行かせたがったが、

「キューリー夫人のように、化学でノーベル賞をとりたい」

そんな夢を、抱いていた。

大学では、自動車部に入り、4年間、「車漬け」となる。忘れられないのは、夏の軽井沢合宿だ。1年生は、

「車の免許がとれるだろう」

と期待して集まるが、きてみると、「体育会」そのもの。マラソンや腕立て伏せ、腹筋運動、ウサギ跳びばかりだ。車はといえば、洗車、泥落とし、整備のみ。とても、乗せてなどはもらえない。小柄で、マラソンは速くないが、「負けず嫌い」だから、絶対に走りきった。毎年200人ほど入部するが、合宿までに半数になる。合宿後には、20人くらいまで減る。同期は、14～15人になった。「しごき」が、きつかったからだ。例えば、砂利の上に1時間も正座させ、「立て」と命令する。そうはいっても、立てはしない。3泊4日だったけど、我慢できずに、夜逃げするやつがいた。

3年になって同期で運営を任されたとき、相談して、思い切って変える。砂利の上の正座は、や

めた。真冬に、トラックの吹きさらしの荷台に下級生を乗せて走るなどという「伝統」も、変えた。たしかに、ラリーではひと晩中走るので、体力が要る。でも、あんなばかげたことをやる必要は、全くない。2年先輩の廣瀬修二さん（現・住友商事専務）は、

「福井君の世代で、封建的な体質から民主的な手法に切り替え、純粋に運転技術の向上を目指すようになった。彼自身は合理的な人間なのに、封建的で蛮カラな場に残っていたのは、車好きと負けず嫌いだからだろう」

と受け止めた。

封建的に振れすぎていたものを、民主的に戻す。この「振り子」の幅は、けっこう大きかった。自動車競技は、ラリー、運転技術を競うフィギュア、整備の3種目。普通、出場するのはそのうちの一つ。上級生の腕のいい人でも2種目までだったが、自分は三つ全部に出た。部では毎年、運転のうまい人間が1人、「練習委員」になる。練習方法を立案し、遠征のルートなどを決める役で、みんなの憧れのポストだった。それを3年でやった。運転は、上級生にも負けない自信があった。多少、「天狗」だったな、と思う。

4年になると、卒論研究があった。ほかの学部なら両立が可能かもしれないが、理工学部は卒研を1日も休めない。中途半端が嫌いで、留年してもう1年、車に没頭する。実は、全関東の競技で「三冠王」を狙った。でも、整備は自分がやったエンジン部門は1位だったが、シャシー部門がいまいちで、総合は準優勝。ラリーは2人1組。タイムは正確で、同種の車で断トツだったが、途中

で一度エンストをして、減点で3位になった。1人でやるフィギュアは3位。「三冠王」は無理だったが、十分に満喫する。

そうは言うけれど、本当は、勝ちたかった。でも、負けたほうがいい点もある。悔しさが、次へのバネになる。全部勝って、「なあんだ」となったら、本当に「天狗」になってしまう。ずっと後に、ホンダが「F1」で勝ち続けていた時代に、

「V5、V6といっても、だんだん技術は保守的になっていやしないか？」

と思ったことがある。やはり、負けて、磨きをかけ直してまた勝つくらいが、技術の進歩には、いいのかもしれない。「振り子」が、エネルギーをためるのだ。

大学5年目は卒研一本。もう「キューリー夫人」やノーベル賞より、車にはまり込んでいた。だから、自動車メーカーへの就職を狙った研究テーマを選ぶ。

「排ガスなどに含まれる窒素酸化物の研究」

ロサンゼルスの光化学スモッグや東京・柳町の排ガスなどが、問題になっていた。

●いくつになっても「抜いてやる」

69年4月。ホンダに入社する。やっぱり、「本田宗一郎」と「F1」に、惹かれた。和光研究所に配属され、新設された排ガス対策グループに入る。米国で、排ガスを厳しく規制するマスキー法

案が出たころだ。本田さんは、

「出た排ガスを後で処理するのではだめ。エンジン段階から、出る水準を抑えなくてはいけない」

と主張し、しっかり燃焼するエンジンを求めた。72年、この要求をクリアする。上司の溝口健さん（元・ホンダ常務）が、ずっと、一対一で付き合ってくれた。米ミシガン州のアナーバーにある米環境庁の研究所で、エンジンを車台に載せ、計器を持って測り続けたときも、一緒だった。米国側にテスト結果を示し、

「法案のほうがおかしい」

と、何度か手直しさせる。すでにあることを、当たり前のように受け入れるのは、嫌いだ。溝口さんが、思い出す。

「福井君は、本田さんと同じくらい負けず嫌いだが、激しさを表に出さない。余分なおしゃべりをせず、何かに成功したときも、大きな声を出すのではなく、手で軽く合図をしながら、にこっ、とする。そんな表現力で、米国でも敵はできなかった」

負けず嫌いでいえば、そのころ、富樫さんたちと箱根方面へツーリングに行ったことがある。山道のカーブになると、どうしても、

「抜いてやる」

と気合が入る。後ろからきていた富樫さんに、あとで、

「40歳を過ぎても、走り方は、やんちゃ坊主のまま。背中に『絶対に負けないぜ』と書いてありま

したよ」

と笑われた。

98年6月。オハイオ州の米国ホンダ製造社長から帰り、本田技術研究所の社長兼F1担当になる。振り出しの場所に戻れたし、念願のF1にもたどりついた。だが、古巣は、懸念していた通り、「ホンダらしさ」を失いかけていた。「売れる車」も大事だが、ファンが、

「えっ、こんな車ができたの」

と乗ってみたくなるものを生み出す。そんな力が、落ちていた。

「うちは、過去の遺産を食いつぶしているだけではないか？」

●うれしかった新入社員の「挙手」

2003年6月24日。本社の社長に就任する。すでに、2カ月前の内定会見で「源流強化」を明言していた。

「ホンダらしく、夢を抱き、ブランドを強化していきたい。喜びの創造という領域に、まず、きちんと取り組みたい」

トップダウンや効率優先も、見直す。どちらも、悪いことではないが、開発現場の活力をそいでもいる。研究所のエネルギーを、もう一度高めないと、似た車ばかりになってしまう。7月の就任

披露パーティーでは、

「ある程度の混乱も必要だ」

とまで言い切る。市場のニーズを追ってつくる「マーケット・イン」から、開発者の好奇心や信念から生み出す「プロダクト・アウト」へ。おそらく、これまでで一番大きく、「振り子」を振ることになる。

必要だったのは、研究所の立て直しだけではない。

小型車「フィット」が、02年に国内販売台数でトヨタの「カローラ」を抜き、初の年間1位となった。たしかに、トップに立つことも、一つのモラルアップだ。だが、激しい販売合戦で、疲弊した販売店もある。どこの会社でも、セールスマンはある程度、何台売るかで評価される。でも、会社全体までが「世界シェア」や「販売台数」を目標にしては、いけない気がする。だから、経営の大方針から、台数をはずした。「非連続の経営」は、ホンダも得意だ。

04年4月1日。入社式を、前年までのように分散させず、約千人の新入社員全員を、鈴鹿製作所に集めた。挨拶のなかで、

「きみたち、ホンダで何をやりたくて、来たの?」

と聞いてみた。何回手を挙げてもいいことにして、いくつか例を挙げたら、「モータースポーツ」に圧倒的に手が挙がる。うれしい、実に、うれしい。

ほかに多かったのは、燃料電池など「環境技術」。二足ロボットの「ASIMO」とか「飛行

機」というのは、まだ少ない。

やはり、レースを続け、しかも勝たなければ、人材も集まらない。F1担当になった直後に、「3年ぐらいで勝って、5年ぐらいでタイトル争いをしたい」と言った。だが、5年目になっても、1勝もしていない。相手は、フェラーリに絞っている。でも、勝てない。やっぱり、経験とか設備を含めた体制とか、総合力の違いだ。運が向けば、いままでも勝てるだろうが、もうひとムチ入れないと、実力で勝てるところまでには、いかない。例えば、設備の差で一番大きいのは、風洞設備だ。最先端の風洞は、トップ級の2~3チームにしかない。ホンダは、まだ、完璧な設備を持っていない。コンピュータそのものは大丈夫だと思うが、ノウハウが追いついていない。データベースもない。言い換えれば、ホンダには、まだ、できることが多いのだ。そういうものを、早くやっていく。

とはいっても、やっぱり、悔しい。2位は何度かあるが、勝たなきゃ、だめだ。結果が出るまで、必死でやるしかない。若い人がホンダに入るときの「夢」として、「F1」があるとないとでは、すごく違う。「ASIMO」などもあるではないかと言ってくれる人もいるが、それは、違う。

●「普通の会社」には絶対にならない

たまに、

「本田学校の最後の生徒」

などと書かれるが、本田さんと、そんなに近くで仕事をしたことはない。接触があったのは、レースのときくらいだ。そのレースでは、よく怒られた。勝とうが負けようが、終わって監督と報告に行くと、

「なぜ、負けた！」

と怒鳴られ、勝っても、

「なぜ、勝てた？」

と理由を言わされた。いま、社長になって、工場やレース場で、当時の自分の年齢と同じくらいの社員たちと会う。レースで負ければ、本田さんのように怒る。

「何やってるんだ」

「どうやったら、勝てるんだ」

と追い詰める。別に、脅かして緊張を維持させたり、集中力を持たせたりのためではない。単に、勝ちたいからだ。でも、本田さんのようにきつくは、怒鳴れない。でも、本田さんだって、ただ怒っていたわけではない。失敗した部下には、もう一度、教訓を生かすチャンスも与えていた。

F1からの産物は、かつてのようには、期待できなくなった。コンピュータをリアルタイムに使ったレース運営など、もはや、市販の自動車とはあまりに違う世界だ。「走る実験台」という要素は、減った。ただ、レースの世界には、短期間に技術者のレベルを上げる効果がある。そこで鍛えられた技術者は、間違いなく、量産でも生きる。だから、

「レーシングスピリットを、大事にしたい」

と繰り返す。技術研究所の金澤専務が、付け加える。

「いまの研究所では、年齢がひと回り違うと、商品や技術の開発でもマインドが違う。一番違うのは、若い人たちに『自分のやりたいことをやる』という意識が希薄な点だ。福井さんが『レーシングスピリット』を口にするのは、レースは、技術屋として育っていく人間かどうかを、選別できるからだ。『これは違う』という人には、早めに納得し合って、適材適所に替えている」

そうだ。レースで、なかなか勝てなくなっているのは、レースを中断したからだけでなく、ホンダが「普通の会社」になりかかっているためだ。でも、04年になって成績が上がり、研究所は盛り上がってきた。

「最高の技術で勝つ」

その夢を持たないと、未来は、切り拓けない。いま、ホンダに期待されているのは、環境や安全の領域で、世の中を変えるブレークスルーではないか。Ｆ１を突破口にして、以前のいい面が甦ると、いい。

そのために、「振り子」は、振り続ける。

福井さんの「Ａｇａｉｎ」

ＪＲ軽井沢駅から北西に1キロ余り。「旧軽」の一角にある早稲田大学自動車部の合宿所跡を、

04年4月30日午後、「Ａｇａｉｎ」で訪ねた。

●猿に折られた車のアンテナ

宿舎は取り壊され、敷地の一部を町の駐車場に貸している。道路の向かい側に、廣瀬先輩が、「1年生の涙と汗が染み込んだ」と表現した練習コース跡がある。雑草に覆われていた。近くの早大セミナー・ハウス管理人の大嶋健司さんによると、合宿所は、騒音やほこりに対する苦情が絶えず、87年に新潟県へ移された。

愛車の「ホンダＣＲＶ」（2リットル）を、コースのあったところに止めた。奥へ歩いて行くと、雑草の間に、3～4メートルほどのカラマツがたくさん立っている。実は、この地域が懐かしくて、5～6年前、近くに別荘を買った。そのとき、犬を連れてコース跡に入ってみたが、カラマツはなかった気がする。自然は、年々、姿を変える。でも、40年、変わらないものもある。思い出だ。

突き当たりまで行き、ぐるっと、コース通りに右回りに戻る。「Ｓ字」が出てきた。

「あっ、これだ。その右カーブで、スピンしたことがある」

71年夏。入社3年目の夏休みに、会社の仲間20人とやってきて、バンガローに泊まり込み、ここで、タイムアタックをした。みんな自分の車で行ったが、まだ、ほとんどが他社の車。スピンは、そのときのことだ。つい、楽しむだけではなく、勝ちたくなってしまったことを、覚えている。そして、タイムは常にトップだったことも。あのときは、1人がスリップして車が横転、全損させた。夜は、白糸の滝のほうへ行き、山を上り下りしてタイムを競う。通りかかった車が、完走するまで待っていてくれた時代だった。

「長い空白だな」

そう思った途端、地面に転がった丸い黒いものをみつけた。

「あっ、熊のフンじゃないか?」

野生の動物が、たくさんいる。キジの声も聞こえるし、イノシシが掘った穴もある。2年前には、別荘の近くに猿が出てきて、荒らしていた。ボスらしい猿に石を投げて追い出したら、後で、駐車していた車のテレビアンテナを折られた。石を投げたときに、乗ってきた車をみて、覚えていたらしい。

スピンをしたコーナーに立つ。

「そこの盛り土に、ぶつかった」

もう、ほとんど、思い出していた。夏の合宿では、早朝、号令をかけて、5~6キロ走る。その声が響くと、

「軽井沢に夏が来た」

と言われた。昼間も、炎天下で走る。遅れると、みんながみているから、悔しい。どんなことでも、「まあいいや」という気にはならない。自分でも、相当な負けず嫌いだ、と思う。

上級生のしごきは、すごかった。でも、悲しいほどに追い詰めて、力を出させる――そんなやり方をしなくても、「夢」を抱き、それを本気で追う気持ちさえあれば、ブレークスルーはできる。

自動車部も、研究所も、同じだ。

●休みがあっても、やっぱり「車」

コース跡を周回した後、愛車から、持ってきたアルバムを取り出す。自動車部時代の写真がたくさんある。みんな角帽をかぶり、そろいのジャンパーを着ていた。一枚一枚が、目の前の景色と重なる。フィギュア競技の全日本大会に出たときのシーンも、あった。運転試験場などに白線を引き、角に物を並べてこしらえた難コースで、速さと運転技術を競う。断トツに早く、優勝すると思ったら、1カ所ラインを見失って脱輪。4位に落ちた。

「観客が大勢いて、意識しすぎたな」

そんな反省をしたことも、思い出す。

歩いて1~2分のところに、合宿が終わって泳いだ雲場池がある。行ってみたが、底が少し汚れ、もう泳げそうにはない。あのころは、上流の側に湧き水があって、水がものすごくきれいだった。人も、いなかった。

同じ道を戻りながら、振り返る。入部したときは、しごきなど予想もしていなかった。旧日本軍みたいなことが、本当に世の中にはあるのか、と驚いた。でも、上級生は多士済々で、鬼のような役の人もいたし、ホッとさせることを言う役もいて、それぞれ役割を分担していたのだろう。2年先輩だった竹林武一さん（現・三重トヨタ自動車社長）も、怖いほうの1人だった。その竹林さんが、社長就任の祝いに、思いがけず、

「自動車部時代は紅顔の美少年だったけど、写真をみると、年齢らしい顔になっていますね。これから大変でしょうが、体に気をつけてやって下さい」

という手紙をくれた。竹林さんが、合宿の打ち上げなどで後輩の面倒見がよかったことを思い浮かべながら、すぐに、ホンダの二足ロボット「ＡＳＩＭＯ」の絵はがきで、お礼の返事を出した。

夏の合宿は、精神的にも体力的にも、自分が大きく変わった時期だった。高校まではひ弱なほうで、運動部などには全く縁がなかった。それが、大学で体育会をこなし、大きな自信になる。だから、二輪レースを担当していたころ、真っ赤な顔で怒る本田さんにも、平気だった。

軽井沢には、前夜、夫婦でやってきた。例年より少し暖かいけど、合宿で印象的だったのは、ひんやりとした空気と木の香り。何とも言えなかった。海外でもどこでも、冷たい空気とカラマツの匂いに出合うと、パッ、と思い出す。米国ホンダ製造にいたときも、何度か、そんなことがあった。欧州のレース場へ行っても、朝起きると、だいたい、そういう感じがする。負けず嫌いで、

「とにかく勝ちたい」

という自分と、そうした、

「ひんやりとした空気と木の香り」に浸っている自分。どちらも、自分らしい、と思う。みんなで「ワイガヤ」と楽しむことも好きだが、1人でいることも割と平気だ。

もし、いま、休みが1週間あったら？　やはり、車に乗って、山のほうへ行くだろう。軽井沢をベースキャンプに、乗鞍、志賀、美ケ原、八ケ岳など、甲信越の山を全部、回りたい。もし休みが1カ月あったら？　定年後でもなければあり得ないが、何かの拍子に休めたとしても、仕事などはしない。若いころ、アラスカのマッキンレーの山を走るのが夢だった。そういうところへ行くだろう。モンテカルロのラリー・コースも、走ってみたい。

もし1年あったら？　そんなにあったら、頭がおかしくなるかもしれない。でも、それは、仕事がしたくなって、という意味ではない。仕事はしない。豪華客船に乗りたいとも思わない。きっと、ただボケーッ、とするのだろう。それ以外は、やっぱり、車だ。

いま、顧客満足度の調査で、国内ではトップだが、米国ではトヨタに抜かれて2位だ。不満だ。本田さんではないが、トップでなければ、2位もビリも同じ。お客さんに選ばれる車。これで、断トツにならなくては、だめだ。それを、社長時代に果たしたい。そして、「F1」で勝つ。

その二つができればいい。

「Again」で、そう確認した。

自動車競技には、ラリー、運転技術を競うフィギュア、整備の３種目があり、その全部に出た。移動にはバスで

二輪担当が長かったが、自分では「相性は四輪向き」と思う。愛車は、安全を考え、夜間にほかのドライバーから認識されやすいホワイト系が多い。奥さんは運転しない。「禁煙家」で、お酒は水割りを少しだけ。好きな言葉は「情熱と努力」。

ワイ、ガヤガヤ」と議論し、その過程で新しいアイデアを生み出す。この「ワイガヤ」が、ものすごく効果を発揮した。

いまは１人１人で仕事するようになって、ホンダのパワーが十分に発揮できていない。十何年か前に「時間の無駄だから、やめろ」と、「効率重視」に振ったからだ。その「振り子」を戻し、「ワイガヤ」を取り戻さなくてはいけない。効率だけでは、だんだん、答えが似て来ちゃう。何人かで何回か本音で議論させると、「深み」が出てくる。ホンダのよかったところはそれで、詰めて、詰めて、考えていく。「苦し紛れの知恵」と言っているやつだ。ある時間の中で結果を出すとなると、結果の価値は問われず、数だけになりやすい。いま求められているのは、数ではなくて、一つ一つの「深み」だ。若い人ほど、そのチャンスがある。

それで、いま、「志」だと言っている。もっと高い目標を持て、ということだ。「極端な話、人類が滅亡するかもしれないぞ。それに対して、何かできることはないのか」とも話しかける。環境を傷めない無煙エンジンをつくるとか、そういう「志」を大切にしようということだ。新入社員に「志のある人は」と聞いても、手を上げにくいだろう。でも、「志」が一番重要なのだ。「ワイガヤ」をして「志とは何なんだ？」「何が言いたくて、トップは言っているのか？」について、若い人なりの答えを出してほしい。いろんな意見を深めて、自分で考える。それが必要だ。

本音の議論をしないのは、ホンダらしくない。「格好が悪いから言わない」も、ホンダらしくない。でも、ホンダ以外の若い人も、やはり、本音で議論してほしい。

若きビジネスパーソンへのメッセージ③

本音で議論しろ。「苦し紛れの知恵」を絞れ！

ホンダ社長　福井威夫

若い人は、入社して５年くらいは、とりあえず必死になって与えられた仕事をこなせ。ともかく、何もわからないわけだから、辞めたくなることもあるだろうけど、その段階では、あまり先のことを考えるな。若さの特権というのは、「失敗したら」とか「この会社がおかしくなったら」とかを考えず、目いっぱい生きれることのはずだ。というより、そうであってほしい。

それと、失敗しても、希望を失ってはいけない。私は、本文にあるように、楕円形ピストンの「ＮＲ」の開発で挫折感を味わった。その口惜しさが、エネルギーになる。ホンダなら、何かがうまくいかなくても、その責任者を変えない。またチャンスを与える。私も「ＮＲ」の開発で、１回目がだめでも、またやらせてくれた。そうすると、口惜しいから「次は何とかしたい」と必死になる。楕円形のピストンなんて、見識を持っていた先輩が「ばかなことはやめろ」と言っていたけど、そういうこともやらせるホンダはすごい。

何でも、全戦全勝、毎打席ホームランなどということはない。それに、そんなのでは、つまらない。ホンダでは、失敗の結果がお客さまに迷惑をかけたらだめだが、ホンダの中での失敗、とくに開発段階やレースのことなら、また、挑戦させる。だから、若い人には「怖がるな」と、強く言いたい。これは、チャレンジを尊ぶ会社なら、同じはずだ。

うちの社員は、会社に入ってから社風に染まるというよりも、「ホンダというのはこういう会社で、トヨタや日産ではないから」というので集まり、入ったときにはそういう人間が選別されているはずだ。これが重要だから、本文にあるように、入社式でうちに来た動機を確かめてみた。すると、「二輪車をやりたい」というのが、まだ多い。次いで、「レースをやりたい」。20年前、30年前と、そう大きな変化はなく、うれしかった。ただ、全員が洗練されてきて、粗削りではなくなっている。質が上がってきたという見方もあるが、型破りがいなくなって、ちょっとつまらない。

決まったことはちゃんとやるが、自分で考えたり、人と一緒にやるのが苦手な人が増えている。私が入ったころ、盛んに行われたのが「ワイガヤ」だ。いろんな年齢、経歴の人が10人足らず集まって、お互いを認めながら「ワイ

『「自由」を満喫した高校』

小島順彦

こじま・よりひこ（62）

三菱商事社長

1941年、東京・世田谷生まれ。東大工学部の産業機械工学科卒。65年に三菱商事へ入社。製鉄設備の営業を長く担当。海外勤務はサウジアラビアと米ニューヨーク。95年6月取締役。常務などを経て04年4月に社長。03年4月から経済同友会副代表幹事。

ＩＴ（情報技術）の発展は、商社の戦略にも大きな影響を与えている。

インターネットで誰でも直接取引できる。もう、仲介商売で口銭をとるだけではだめだ。

新しい領域で、自ら投資し、経営する「事業化」が、勝負を決める。

狭い枠から外に出て、多様な情報に興味を示すリーダーが、それを先導する。

組織の中の縦のコミュニケーションだけでは、世の中がみえない。「外の世界」と横のつながりが重要だ。

だから、いろいろな人と会う。

●「ダイヤモンドの原石」をみつけたい

2002年3月。東京・丸の内の本社に、伊藤正裕さんが来た。伊藤さんは、コンピュータによる三次元映像ソフトのサービスを提供するベンチャービジネス「ヤッパ」を設立した。聞けば、まだ18歳。何となく、こちらがどきどきした。商社に長くいて、本当にたくさんの人と会ってきたが、こんな若い社長には驚く。でも、年齢で、会う人間を選別したことはない。

「面白いね」

パソコンとプロジェクターを使った説明を聞くと、思わず、口から出た。すぐ、IT事業部長に、何が一緒にできるか詰めるように指示する。ひと月余り後、青年社長が、再びやってきた。

「三次元映像サービスをまとめた。その販売代理店に、なってほしい」

「イスラエルの三次元映像ソフトの会社を買収するので、6月に増資するから、出資してもらいたい」

二つのことを頼まれた。即座に、質問が三つ出る。

「技術的な独自性はあるか？　競争相手に追いつかれることはないか？　今後の戦略は？」

なるほど、ユニークな事業で、短期的にはいけるだろう。でも、どうせなら、大きく成長させたい。

質問への答えは、満足できた。他の三次元ソフトのように複雑なプログラムではなく、大容量を必要としない。パソコンで、簡単に操作ができる。独特の数式で処理するソフトは、ブラックボックス化されている。当面、自動車と住宅の販売向けに集中する。

例えば、車選びなら、画面上で車体を回して、あらゆる角度からみれる。色もあれこれ替えられるし、アクセサリーやタイヤなどを取り換えて、比べることもできる。販売店からすれば、たくさんのタイプや色の車を置いておかなくてもすむ。住宅でも、間取りや内装などで、同じことが可能だ。

その場で心は決まったが、財務など10人ほどの専門家を送り込み、綿密にチェックさせる。でも、時間はかけさせない。6月には、出資に応じた。「ヤッパ」の資本金は3億7千万円余り。00年12月の設立時の37倍となった。株式の大半は創業関係者が保有しているが、三菱商事は3・2%を持つ主要株主だ。

「ヤッパ」の信用力は、一気に増した。トヨタ、日産、ホンダなどの自動車メーカーが、次々にサービスを採用する。社員も1年前の35人から46人に増え、オフィスを新宿から大手町に移す。パリに支社もできた。04年6月期決算は、売上高が約5億円で前年の5倍。上期は赤字だったが、下期は黒字になる。

伊藤さんは伊藤さんで、驚いた。米シリコンバレー近くの中学に通ったことがあり、日本の高校に戻ると、ビジネスを興す。事業内容には、自信があった。それにしても、紹介者がいたとはいえ、

こんな若造でも会ってくれ、対等に話してくれる。しかも、決断が速い。前に、携帯電話会社を訪ねたときは、

「ベンチャーは、いつ、つぶれるかわからない。サービス継続の保証がないと、お客に提供できない」

と店《たな》ざらしにされた。要するに、若造の会社、小さな会社、歴史のない会社は対象外。今度は、違う。

三菱商事は、00年にIT事業などに取り組む「新機能事業グループ」を新設。副社長として、その責任者になっていた。商社には「紹介」や「持ち込み」が、数え切れないほど来る。自分のところは、とくに多い。すぐに「ノー」とは言わないからか。もちろん、ビジネスにならないものが多く、担当者におろすときには、

「断っても、いいからね」

と付け加える。でも、ごく稀にだが、「ダイヤモンドの原石」も埋まっている。それに出会える機会を、おろそかにはしたくない。

キーワードは「好奇心」だ。

●たまに映画館へ「脱走」も

1941年、東京・世田谷で生まれる。父の和男さんはビジネスマン。母は栄さんで、妹が1人。学芸大学付属世田谷小学校から同付属中学、都立日比谷高校へと進む。親が選んでくれた小学校に

入って以降、自然に流れた12年間。ずっと、自由な校風の中ですごした。

高校は、とくに自由だった。

生徒の自主性を重視し、大学並みの100分授業で、課目によっては生徒がガリ版を切って配り、自分たちで順番に「講義」した。1日に3課目だから、予習や復習が楽で、スポーツでも何でも、やりたいだけできた。選択できる課目も多く、当時から土曜日が1週間おきに休み。修学旅行もクラスごとに行き先を決め、少人数のグループ単位で動いた。

先生のほうも、自由を楽しんでいた。とうてい解けないだろうという問題を、わざと出し、できないとそのまま立たせておき、解ける生徒が出るまで順番に当てていく。そんな数学の教師は、けっこう人気があった。

ただ、ドラマチックな思い出はない。普通の真面目な生徒だった。でも、たまに友と学校を抜け出して、銀座や渋谷へ映画を観に行く。そうしたことを「脱走」と呼んだ。自由な校風が、「好奇心」を思いっきり、解き放ってくれた。

61年4月。東大工学部の3年になるとき、

「自分が得意なのは、何か?」

思い直してみる。

「自分には、製図学が向いている。二次元の図をみて、三次元の姿を頭の中に描く。これが、面白い」

そう考えて、製図と縁が深い産業機械工学科へ進んだ。これが、思いがけぬ展開を生む。この年、

学科でフランスの同じ工学系の大学生を迎え、全国の工場を案内する役が回ってきた。それまで、外国と縁はなかった。フランスの学生たちと話すと、全く発想が違う。いろいろ、新鮮だった。下手な英語でも、通用した。

「やっぱり、日本人とだけつき合っているのでは、だめだな」

外国への「好奇心」が、就職先を考えるとき、総合商社を選ばせる。

65年5月。三菱商事に入り、機械グループの重機部に配属される。同期より1カ月遅く入社したのは、フランスの大学がお礼にと、3〜4月に招いてくれたからだ。三菱商事の人事部に相談したら、あっさり、

「いいじゃないですか」

と言われる。パリで、フランス三菱に寄ると、社長が食事までごちそうしてくれた。

●あだ名の「ど」は何の「ど」?

重機部は、

「機関銃でも扱うのかな?」

などと思ったが、担当は製鉄プラントの売り込み。八幡製鉄向けの仕事が多く、合併で新日本製鉄が誕生した後も、担当が続く。職場の伝統は、万機公論。

「部長や課長の言うことが正しいとは、限らない」

と、ヒラでも発言できた。結局、77年に従業員組合の委員長になって離れるまで、ここでも12年間、自由を満喫する。その中で、会社の「境」を越えたパートナーも得る。

「とくさん」こと佐藤徳男さんだ。67年に、八幡製鉄の東京本社で機械類を買う機材部へ転勤してきた。三つ年上で、いまは仙台市で裁判所の調停委員をしているが、ときどき上京してくると、東京・赤坂のバーで会う。2人にとって忘れられない出来事は、まさに、山のようにある。その一つが、「くろしお」2隻の受発注だ。

70年ごろ。新日鉄が新潟沖などの海底作業プロジェクトで大型海洋作業船を発注するとき、積載する大型クレーンに、小島・佐藤コンビは現場が勧める米国製を推した。何回も「使う人の声」を強調したが、新日鉄で実権を持つ購買部門は、三菱重工へ発注する。だが、72年に完成した「くろしお1号」は、クレーンが十分に使えない。現場の声のほうが、正しかった。3年後、「2号」では米国製に逆転したが、重工で「出入り禁止」にされた。それほど、面子がかかっていたのだろう。出入り禁止は3回目。でも、以降も、

「重工と張り合うなら、必ず勝て。商事は重工の売り子ではない。お客さんにとって一番いいものを提供するのが仕事だ」

と、部下に繰り返す。

「とくさん」には、いつも「どこちゃん」と呼ばれている。「どこ」は、当時、上司の課長も小島

だったため、職場で区別するために付けられたあだ名だ。課長が、

「おれはいい小島、お前は悪小島」

などと言うので、

「課長は年寄り小島、私は若小島」

と言い返すと、間にいた1人が、

「課長は小島、こいつは『ど小島』にしましょう」

という案を出した。ど真ん中、ど根性など「ど」は強調の接頭語だ。そのくらい個性が強い、とみられていたのだろうか。納得しないでいると、

「じゃあ、『島』をとって、『どこ』だけにしよう」

と修正案が出て、決まった。以来、先輩は「おい、どこ」だし、後輩は「どこさん」、「とくさん」からは「どこちゃん」となる。

78年に重機部へ転任してきて以来、「どこさん」と呼び続けている白木清司さん（現・重機ユニットマネジャー）が、証言する。

「小島さんご本人は、フランスのド・ゴール大統領のように『ど』は『グレート小島』の意味だ、と主張していました。どアホやどスケベなどという言い方があるので、嫌かと思ったら、そうでもないようでしたね」

●30回はみた「紅白歌合戦」のビデオ

78年12月。サウジアラビアのアルクバールにあったオライアン・ホールディングスへ出向する。リヤドに建設される新国際空港プロジェクトからの受注を狙った。サウジでは、外国企業は直接には受注できず、サウジの代理店を使うように求められる。そこで、オライアンが各国から営業マンを集め、それぞれに商談をまとめさせ、代理店として口銭をとる。その後で、営業マンの出身会社が商談を具体化する――という形がとられた。

着任すると、新空港の水処理、エレベーター、冷房と、1件100億円規模の大きな案件を三つ、たて続けに獲る。サウジでも、「外の世界」の人と、積極的につき合った。全く未知の価値観と遭遇したが、「好奇心」に支えられた。それが、功を奏したのだろう。さらに、やはり100億円規模の巡礼者用の大テントを支える鉄柱も、受注する。本社側でサウジプロジェクトを担当した西海徹雄さん（現・オーストラリア事業ユニットマネジャー）によると、サウジ在任2年余りの実績は、本社が期待していた以上だった。

オライアンには、24カ国からの出向者がいて、日本人は自分だけ。仕事で必要なのは、心配したアラビア語ではなく、英語だった。その英語も、初の海外勤務で、自信はなかった。事実、半年近く通じない。力不足もあったが、それぞれが独特の英語を話し、極端にいえば、24通りの英語が飛び交っていたためだ。でも、仕事がよく進んでいる人間をみると、結局は、下手な英語でも自己主張をきちんとしている面々だ。

このとき、「英語3原則」を確信する。

①英語をきれいに話そうとするのをやめろ

②下手でもいいから、たくさん話せ

③きちんと、自己主張をしろ

これでよかった。要するに、大事なのは、言葉よりも「仕事の中身」だ。のちに駐在したニューヨークでも、同じだった。ハーバード出でもスタンフォード出でも、部下として使いこなすのに、言葉は障害にはならなかった。

サウジ時代で、よく覚えているのが、「紅白歌合戦」だ。あの国では、イスラムの教えで、お酒はいっさいだめ。飲んでいるのがみつかれば、そのまま監獄行きだ。ときどき、粉末ビールなどというのがわからない形で入ってきて、水で薄めると、一応、アルコールにはなる。だが、おいしくない。それに、ちょっとしかない酒を飲むことほど、辛いものはない。それなら、全く飲まないほうが、よっぽどいい。危ない「好奇心」は、抑え込んだ。でも、ゴルフ場もない。単身赴任のオフタイムは、退屈きわまりなかった。

数少ない楽しみが、テレビだ。現地には三菱商事の事務所もあり、よく夜に、そこの人の家へ連れていってもらって、みた。楽しみは、日本から送られてきたビデオ。「紅白歌合戦」は、1年間に30回はみただろう。それだけみると、どの歌手がどこで間違え、誰がどんな衣装を着ていたか、頭に入ってしまう。しばらくして「夜のヒットスタジオ」のビデオが届き、みせてもらったとき、

「おや、去年の紅白で着ていた衣装だぞ」

と言うと、みんなが驚いた。

勤務時間も休日も、日本と大きく違うサウジ相手に、西海さんが、よく付き合ってくれた。当時の連絡はテレックス中心で、国際電話をかけるには、上司の許可が必要だった。いろいろ難しさはあったが、それを、難しそうでなくこなすようにした。異境の地にいると、それが、相手を心配させないために必要だ。何かと「大変だ」と騒ぐタイプがいるけど、そんなことは人迷惑なだけだ。これは、いま最前線にいる人たちに、言いたい。

西海さんは、よく日本食を送ってくれた。留守家族のところにも顔を出し、女房から、

「娘2人が毎晩、『パパ、無事でね』とお祈りしているんです」

と聞いた、と話してくれた。よく覚えている。その罪滅ぼしではないが、2年目の夏、家族を地中海クルーズに呼んで旅行した。

●「知らない世界」は勘より確信

85年10月。念願のニューヨークに赴任。学生時代と同じで、どこへ行っても、何でも、真面目に

やる。ニューヨークでも、入札が近づくと、夜の会合が終わってからもオフィスへ寄り、夜中の1時、2時まで打ち合わせに加わった。ゴルフもマージャンも酒も、仕事の延長。それを通じて、人脈を広げる。5年間のニューヨーク時代で、最大の出来事は「英語批判」だろう。あるとき、米国三菱の槙原稔社長（現・相談役）が、

「会議を、すべて英語でやろう」

と発案し、最も重要な投融資諮問委員会まで、英語に変えようとした。英語の国では英語でという考えもわかるが、形より確実性が重要だと思い、強く反対する。駐在員が1人ずつ意見を書いて出したときにも、

「英語ができれば、仕事ができるわけではない」

と明記する。それが信念だし、上司との関係を計算して動きたくもないから、きつく批判した。ところが、まもなく、槙原さんが本社の社長に決まる。ちょうどニューヨークを訪れた「とくさん」と酒を飲んで、

「これで、俺は日本には帰れないな」

とぼやいた。だが、槙原さんは翌年、社長直属スタッフの長である社長室事務局長に、自分を呼び寄せた。仕事ができれば、あとのことはいい——槙原さんの腹の大きさに、今度は、2人で唸った。

00年4月。佐々木幹夫社長（現・会長）の号令で新設された「新機能事業グループ」のCEOとなる。品種別に縦割りとなっている営業グループとは違って、横断的に、共通する機能から新事業

を探す組織だ。

従来とは全く別の手法をとる「非連続の経営」の、舵取り役だった。

事業の対象は、金融（Finance）、情報通信（IT）、物流（Logistics）、新市場（Marketing）の4機能で、頭文字から「FILM」と呼ぶ。ここでは、コンビニ大手ローソンのグループ化がよく知られているが、業界を注目させたのは、「F」の金融で果たした不動産投資信託（REIT）への進出だ。

執行役員でグループCEO補佐の小松孝一さんによると、社内から集めた情報の中に、商業施設が建つところで、地主が、

「このまま土地を持っていても、仕方ない」

と言えば、施設を使う側も、

「うちも、土地を持つ必要はない」

と言っているケースが、いくつもあった。そこで、都会の商業ビルや郊外型ショッピングセンターに特化したREITをつくることを考え、各地の物件を集めて計450億円の投信にする案を、小島プロジェクトの一つとしてまとめた。ところが、社長室会や取締役会に諮ると、

「不動産には、いい経験がないね」

と反対意見が続く。バブル時代の「負の体験」が、首脳陣には残っていたのだ。自社単独でやろうとしたため、詰め不足の点もあって、結局、やり直しとなる。

こういうときに、「好奇心」が広げてくれた人脈が、生きる。その中に、REITに詳しい人もいた。話を聞きに行く。そのアドバイスから、米国でREIT業務の経験を持つ会社をパートナーにすることに決め、3社から提案を求めて、欧州の大手金融UBSを選ぶ。ただ、「ヤッパ」のようなベンチャーに投資するときには勘のような即断も大事だが、REITのようによく知らない世界へ入るときは、確信を持てるまで、ゴーサインは出さない。何度か来日したUBS側の幹部と自ら会って、差しでやりとりし、双方が納得したところで決めた。三菱商事が51%、UBSが49%出資し、資産管理やテナント確保などを受け持つ会社を設立する。01年9月、450億円のREITを設け、02年3月に東証へ上場した。

●今度は三木谷さんたちと「脱走」

04年4月1日。社長に就任。

「三菱商事の世界から出て、外の人たちと交流をしてほしい」

最初の挨拶に、まず「脱走」の勧めを盛り込んだ。最近、成績はいいが、何でも、「このくらいでいいや」

という若手が増えた。「好奇心」が、感じられない。佐々木社長時代に、商権や資産の「棚卸し」をやり、償却やリスクマネーの点検を進めた。自分たちが新事業を模索している間に、後ろ向きのリストラが一巡。04年3月期の連結決算の純利益は、商社初の1千億円台に乗った。次は、打って出ることができる。それなのに、狭い世界に閉じこもっていては、困る。事業には、いろいろ山や谷もある。その谷を埋める人材は、たくさんいる。あとは、高い山になる人がほしい。もっと、乱暴者が必要だ。

5月13日午後6時半。東京・六本木ヒルズのイタリアンレストラン「サドレル」で、8人の経営者が社長就任を祝ってくれた。経済同友会の活動などで親しいザ・アールの奥谷禮子社長が幹事役で、50音順でいえば、アクセスの荒川亨社長、プランテック総合計画事務所の大江匡代表、フューチャーシステムコンサルティングの金丸恭文社長、ローソンの新浪剛史社長、カルチュア・コンビニエンス・クラブ（TSUTAYA）の増田宗昭社長、松井証券の松井道夫社長、楽天の三木谷浩史会長兼社長。高い山をつくる「乱暴者」ぞろい。いろいろ会合はあるけれど、こういう顔ぶれに囲まれるのは、刺激的だ。料理やワインで4時間歓談。

こんな「脱走」は、楽しい。

小島さんの「Ａｇａｉｎ」

「外の世界」には、どんどん出て行くが、母校には、ずっと、行っていない。04年5月17日の午後1時40分。「Ａｇａｉｎ」で、千代田区永田町にある日比谷高校を訪れた。同級だった戸坂馨・Ｎ

ECエレクトロニクス社長が同行する。

●脳みそに「ICタグ」

着くなり、声が出た。

「全然、変わっちゃったな。校舎も校庭も違う。あそこにテニスコートがあって、あっちにプールがあったのに……。あれ、講堂もないね」

あまりの変化に、驚くばかり。校庭は、真ん中にオブジェが置かれ、校舎が周囲からせり出して、すっかり狭くなった。校舎わきの大イチョウはある。在学中、その幹を囲んだ丸いベンチに座って、日が暮れるまで話し込んだ。でも、ベンチはなくなり、周囲は盛り土された。もう、木陰で語り合うことはできない。思わず、

「同じ学校じゃないね」

とつぶやく。対角方向に、もう1本、大イチョウがある。だが、その向こうにあった、全校集会でヤジと紙飛行機を飛ばした講堂は、跡形もない。空き地の向こうに、木々や煉瓦《れんが》の石垣の一部がみえた。

「あの木は、記憶がある。あの茶色い煉瓦は、昔のままだね」

やっと笑顔が出たところで、戸坂さんから高校時代の小島評を聞く。

「好奇心が強いのか、先輩でも後輩でも、誰とでもとけ込んでしまう。私が10人知っているとすれば、彼は100人くらい知っていた。持っている『人の輪』が、すごい。しかも、それぞれの人のことをよく覚えていて、まるでICタグが脳みそに付いているような感じだったね」

別に、意識して輪を広げた覚えはない。ただ、先輩でも後輩でも、卒業してかなりたっても、会えば、すぐに同じ土俵に立てる。共通の時代に、共通の環境にいた。これは、大きい。ザ・アールの奥谷さんは、

「あなたは、自然体で、人に威圧感を与えない。相手を緊張させないから、みんな、近づきやすい。上に立つ人に、必要な点だ」

と言ってくれる。だとしたら、高校の3年間に感謝したい。そう思いながら、講堂跡にできた藤棚に立つと、グラウンドが見下ろせる。その向こうに、国会議事堂や議員会館が丸ごとみえる。

「景色も変わったね。あのころは、木がいっぱい生えていて、グラウンドの向こうには建物が並んでいたから、こんなにはみえなかったな」

軟式野球部に入り、あのグラウンドの左隅でやっていた。部員は20人くらいで、サードで1番。やはり、覚えている。でも、グラウンドも、狭くなっている。

振り返れば、高校時代の3年は、ずいぶん、自分の土台づくりになった。昔は、何でもスピードが遅く、のびのびとできて、潜在的な力が蓄えられた。それが、いまは、高校生には選択肢が狭くなっている。経営にはスピードが不可欠だが、教育には、もっと別のものが優先されるべきだ。

そう、教育論なら、いくらでも言いたいことがある。けっこう、深刻な問題だ。一番問題なのは、父親が教育の現場へ出てくることが少ないことだ。いま、生徒の7割までが携帯電話を持っていて、授業中に鳴ると、教室から出て行って話そうとする。先生が注意して尻をたたいただけで、もう「体罰だ」と騒ぎになる。これでは、教育はできない。

やはり、父親が父母会に出て、先生と社会人同士の感覚で悩みを分かち合うといい。ニューヨーク勤務のとき、娘2人が通っていた学校の父母会には、どこも父親が出ていた。何しろ、父親が出れるように、夜7時から始めていた。それなのに、お客の接待を理由に欠席しようとしたら、

「客の接待より、子どもの教育のほうが大事でしょう」

と叱られ、出席した。以来、

「父親も、境や囲いをつくって、閉じこもっていてはいけない」

そう、言い続けている。

●高校生に戻って「ベンチャービジネス」

さっき、長澤直臣校長から、母校の近況を聞いた。1学年は当時と同じ8学級だが、1学級は40人に減り、男女半々だ。募集のときから、応募数に差はつけていないそうだ。自分のころは、男が8割近かった。大学受験の浪人中に通った「補習科」も、もうない。100分授業の話をすると、

「いま、普通の高校は50分の授業が1日6コマですが、うちでは45分にして、主要課目では2コマ連続、つまり90分授業もやっています」

という。姿は変わっても、自主性を重んじる校風が続けばいいけどな、と思う。

後輩たちに言いたいのは、自らリスクをとり、人生を考えることだ。いま高校でやらせているのは、要領よくいい大学へ入り、官僚にでもなって、組織と権限を守るようにするだけ。そんなのは、右肩上がりの時代のことだ。もう違う。親たちは怒るかもしれないが、高校からベンチャーが出てもいい。「ヤッパ」の伊藤さんみたいな人が、母校からも出てほしい。彼が初めて会いにきたのは、高校3年のときだ。もう黒字基調になったというから、すごい。小泉首相のホームページでライオンが飛んだりはねたりするのも、彼のところが受注してつくったらしい。周辺特許を含め、48件も特許をとっている。

そんな話をしていたら、隣で、いつも「日本のビル・ゲイツ」と呼んでいる戸坂さんが、

「それは、すごいね」

とうなずいた。

もう一度、高校生に戻れたら、何をしたいか。ベンチャービジネスだ。できれば、同級生と一緒に。戸坂さんがいれば、IT分野は心強い。伊藤さんにも、負けない。

やっぱり、高校生くらいの気持ちになると、心がはずむ。

戸坂馨さん（右）と会えば、いつも、教育論が尽きない

中学時代も「普通のまじめな生徒」だった

商社マンの中でも人脈の広さは抜群。日本レコード協会会長だった依田巽さんには、浜崎あゆみのコンサートに誘われた。当時24歳の「浜あゆ」が５万人もの観衆を３時間も惹き付ける力は何なのか、それを知りたくて行く。経済同友会報の座談会でも「縦割り・横割りのコミュニケーションが大事。組織を越えて話せ」と若手に注文。好きな言葉は「一期一会」。

ることがよくわかる。

外国へ行くなら、ＮＰＯやＮＧＯでもいいが、海外協力青年隊員がいい。あれには「苦労している方を助ける」というミッションがある。日本はＯＤＡ（政府開発援助）を年間１兆円以上も出しているが、その割に評価されていない。箱モノが多いからだ。もっと評価されるのは、技術協力や教育など人間対人間の分野だ。そこを大事にしたらいい。これは、言葉が通じないとか、貧しい人々を支えるとか、すごい苦労だ。そういうことを経験すると、人生観も変わる。若い人は、それくらいの気持ちを持ったらどうか。

もう一つは、日ごろから自分を磨き、人生はどうあるべきかを考える「ネットワーク」をつくりなさい。まず、学生時代の友人で、違う業界にいる３人で食事をしながらお互いのことを話すことから始める。次に、それぞれが１人ずつ、紹介しても恥ずかしくない人を連れてくる。そして、もう１人ずつ加えれば９人になり、定期的な勉強会になる。そこで大事なのは、みんなから「学ぶ」のではなく、みんなに「与える」でないといけない。「Give and take」ではなくて「Give and give, and be given」だ。与えることは難しいが、そういう会を三つ持てば、それぞれで吸収したことをほかの会で出せる。私は、そういう会が七つあるが、若い人もやってみなさい。これも「市場価値」が上がる。そこではもう一つ「Ｃ」が重要だ。「Courtesy」つまり礼儀正しさ。偉そうにやらず、やはり、礼儀正しく、人を立てることができてこその勉強会だ。

若きビジネスパーソンへのメッセージ④

「C」を大事に。自分のネットワークをつくれ！

三菱商事社長　小島順彦

いまからどんな時代になるのか、そこでどう生きていくのかを考えずに会社に入ると、言われたことをやるだけになってしまう。それで、ほかの人より少しでも早く課長になろうとかいう、小さな人生を送ってしまう。そうではなくて、これからの時代がどうなるのかを常に考え、そのなかで、自分は将来こういうふうになるんだ、この会社をこういうふうにするんだという夢を持って、勤めてもらいたい。そういう夢や信念を、最近の若い人は持っているようで持っていない。受験勉強で、ものを覚えて試験に通るための勉強をしてきただけで、自分の人生のことを真剣に悩んだり考えたりしたことがないからではないか。だから、「自分で自由にやれ」とか「自分で考えろ」と言われると、どうやっていいかわからなくなってしまう。

若い人には「C」で始まる言葉をいくつか挙げるから、身につけてほしい。「Curiosity」（好奇心）、「Creativity」（創造性）、「Challenge」（挑戦する勢い）、「Collaboration」（人と協力してやる意識）、「Communication」（人と会話する力）だ。「Communication」は縦と横が必要で、縦は世代を超えた対話、横は組織や会社、国を超えた対話だ。縦には忍耐力が必要で、横には勉強が必要となる。これができるようになったら、「市場価値」がすごくできる。そして、この五つの「C」を支える力が、六つ目の「C」である「Character」つまり人間的魅力だ。

いま、中国が大変な勢いで伸びている。04年の春、重慶の国営会社３社と温州の民営会社３社を訪ねた。そのトップ６人の平均年齢は40歳前後で、最も若い人は38歳だった。そういう若い人が、目の色を変えて経営をしている。北京大学の経営学修士コースで講演したときも、若い聴衆の目の輝きが違った。日本でも若い世代に人生のこと、会社のこと、日本のことを真剣に考えてもらわないと、５年、10年たつと、アジアにおける日本の存在感が薄くなってしまう。それを防ぐ意味では、若い人は外国へ行って、そういう人たちとぜひつき合ってほしい。私も、いまになって「よかったな」というのは、最初の海外勤務がサウジアラビアだったことだ。大変に厳しい条件の地だから、サウジ人の気持ちもある程度は理解でき、イスラム教への信仰が厚くな

『母の「教え」で』

永守重信

ながもり・しげのぶ（60）

日本電産社長

1944年、京都府向日町（現・向日市）生まれ。高校と職業訓練大学校（現・職業能力開発総合大学校）で「電気」を学び、28歳で会社を設立。精密小型モーターの分野で世界のトップクラスに立ち、これまでに23社を買収などでグループ化した。04年３月期で3290億円の連結売上高を、2010年に１兆円にするのが目標だ。

ベンチャー企業家の成功が続く京都でも、数少ない真性・京都派だ。
「回るもの」「動くもの」に欠かせない超精密小型モーター。
そこを徹底的に「深掘り」する経営手法は、前進あるのみだ。
神懸かり的な言動を持続する「永守イズム」は、一代で頂点に迫る。

頭の上がらない相手が、１人いた。その人の言うことは、絶対だ。でも、自分の考えも、同じだ。だから、ずっと、ぶれずにやれた。

●ネクタイは緑色、机は東向き

毎月必ず、京都市左京区の八瀬にある九頭竜弁天に、お参りする。最初は創業期。会社がつぶれそうになったとき、知り合いが、

「八瀬の弁天さまの教祖さんに聞くと、何とかなるかもしれん」

というので、本当かなとは思ったが、行ってみた。12月。苦境を話すと、教祖はお祈りをした後、

「2月の節分のころに、運命が動くから、それまで頑張りなさい」

と、ご神託をくれた。でも、そんなことに、頼ってはいられない。正月は、実家に顔を出す。母が、事業のことなどわからないなりに、いろいろ尋ねた。帰った後、すぐ上の兄の奥田三郎さんに、

「重信、弱ってへんか?」

と聞いたという。母の前では明るい顔で振る舞っていたつもりだが、何かを感じとっていたのだろう。

資金繰りをしのいでいるうちに、節分が来た。その夜、午前2時ころに、ＩＢＭから大量受注が入る。ご神託の通りだった。ご利益に感謝して、弁天さまに通うようになる。あるとき、新工場で、

井戸から水が出ないで、困っていた。教祖にご神託を聞きに行こうとしたら、業者が、「そんなところへ行っても無駄だ。私は40年も井戸を掘っているが、これはどうにもならない」と止めた。でも、行って、教祖に敷地の地図をみせると、

「ここを掘りなさい」

と言われる。掘ると、水が出た。

やはり、神仏の存在はある、と思う。毎月、お参りして、決意のようなものを報告する。弁天さまでは、必ず、おみくじをひく。これが、当たる。株価でも、売り上げでも、いいときに「驕るなよ」という戒めがある。よく、木の枝に結んで帰る人がいるけど、あんまり当たるので、全部、家に持ち帰り残してある。

京都市山崎の「聖天さま」には、家族で初詣でに行く。子どものころ、母が背負って、お参りしてくれたところだ。母は50歳近く。階段が１００段以上あり、大変だったことだろう。初詣での後、弁天さまへ回り、午後は会社に出る。１年３６５日。午前中だけでも休むのは、元日だけだ。

中国から伝わった九星術も、おろそかにしない。１９４４年生まれは「二黒土星」で、土は緑がないと腐る。だから、コーポレートカラーは緑。トラックの色も全部、緑にした。ネクタイも、緑のものが、もう千本を超えた。また、緑には太陽が欠かせないから、必ず、太陽のほうに向いて座る。本社だけでなく、買収した会社へ行けば、机は全部、東向きにする。再建を引き受けた会社は、だいたい北門になっていた。それでは、おかしくなるに決まっている。こうしたことをばかにする

人もいるが、経済界には「同志」が少なくない。

母は、毎月21日、京都市南区九条にある東寺の「弘法さん」に、行っていた。息子の会社が大きくなっていくのを喜んでくれていたが、実は、いつも「大丈夫か?」と心配もしていた。そのためか、「弘法さん」に一緒に行っていた兄に聞くと、家族全員の幸せを願った後、とくに息子の会社が無事であるように祈っていたらしい。お参りの帰りに、烏丸の本社(当時)へ回り、外から拝んで帰ることもあった、という。「弘法さん」には、亡くなる半年くらい前まで、行っていた。

兄弟でも、信心深いのは、おそらく自分だけだ。それは、母の影響だと思う。でも、社員には、強要できない。神仏の世界と実業は、別だ。ただ、共通するところはある。むろん、神仏に、何かを頼んだりはしない。おねだりする相手ではない。

キーワードは「確信」だ。

●社長になれば「チーズケーキ」

44年8月28日。京都府乙訓郡向日町物集女《もずめ》(現・向日市)で、父奥田末次郎さん、母タミさんの間に生まれ、兄が3人、姉が2人いる。手のひらの生命線が、まっすぐ伸びているのをみて、母や兄が、

「大隈重信がそうだったらしい」

と、名を付けた。遠い親戚の永守家の養子となり、姓が変わる。

家は農家で、自作地はわずか。小作地を借り、コメや野菜をつくっていた。父は作物をリヤカーに積み、京都市内を行商。母は誰よりも早く起き、誰よりも遅くまで働いた。だから、高校生くらいまで、母の寝顔は、みたことがない。すごく厳しい人で、末っ子だからといって、甘やかされた記憶はない。

53年。小学校3年のときに、衝撃的な経験をする。友だちの家で、おやつに、みたこともないお菓子をもらった。「チーズケーキ」と言うそうだ。夕方には、芳しい香りをかぐ。「ビフテキ」だ。友だちに、

「なんで、お前たち、こんなうまいもん食っとんね」

と聞くと、父親が「社長」だからだという。「社長」というのは、こんなにおいしいものが食べられるのかと思い、4年のときの作文に「社長になりたい」と書く。以来、

「将来、何になりたいか?」

と聞かれれば、必ず「社長」だ。同級生らが「機関士」とか「看護婦」と言っている時期に、もう、凝り固まっていた。

4年の理科の授業で、模型用のモーターを組み立てたとき、もう一つ、頭の奥に「擦り込み」ができる。モーターはクラスで一番よく回り、担任がほめた。後にも先にも、ほめられたのは、この1回だけ。授業で「はい、はい」と手を上げても、全く、当ててくれない。テストができても、

「百姓の子どもがこんなにできて、どうするんだ」

などという。そんな先生が、ほめた。驚いた。やはり、何かの機会に先生が子どもをほめるというのは、大事だ。もし、あのときほめられていなかったら、きっと、モーターをやっていない。

67年4月。職業訓練大学校を首席で出て、音響機器のティアックに入る。すぐに実力を認められ、開発室の室長代行になる。3年いた。次に京都の山科精器へ。大学やティアック時代の子分を、連れて行く。精密モーターを担当、わずか2年で、250人の部下を持つ取締役に就任した。だが、古参の幹部に妬まれて、ここも3年で去る。

ティアックで「技術」、山科精器では「経営」を学んだ。どちらも、

「会社をつくり、社長になる」

そのための、階段だった。

73年7月23日。予定より7年も早く会社を立ち上げる。持っていたティアック株が上場で大きく値上がりし、貯金と合わせた軍資金が2千万円になった。だが、母が反対する。

「お前は、まだ28歳やないか。そんな無謀なことは、やめとけ。私は70歳。もうすぐ死ぬ。だから、死んでからやってくれ」

と説得された。でも、こちらは、社長になるために生きている。会社の登記をはじめ、必要なことは勉強した。いまがチャンスだ、と「確信」した。その後、母は94歳まで生きた。「すぐ死ぬ」どころではない。言う通りにしていたら、ずっと「社長」になれなかった。山科精器から連れてき

た子分3人と、自宅を本社に登記して、小型モーターをつくる日本電産を設立。社名の英語表記から、「Ｎｉｄｅｃ」というブランド名も決めた。

「将来、海外でも商売を広げる」

これもまた、「確信」だ。もう反対しなかった母が、一つだけ言った。

「やるならええけども、人の2倍働くか？」私も小作だったが、人の2倍働いたから、自作農になれた。お前も2倍やったら、成功できる」

それから31年、教え通りにやってきた。大手企業は人材も多く、立派な研究所もある。こちらは、人も金もない。でも、一つ、同じものがある。「1日24時間」という時間だ。この平等なものを、いかに使うかが勝負だ。1日に16時間働き、土曜も日曜も出る。年間を通じたら、2倍にはなる。

それを、いまも続けている。

●「できる、できる」と100回唱える！

母の言葉と自らの信念で、会社の「3大精神」ができた。①情熱、熱意、執念②知的ハードワーキング③すぐやる、必ずやる、出来るまでやる——経営哲学であり、「確信」だ。

会社設立の翌月。京都市右京区の桂川のほとりに、工場を確保する。地元紙に載せた三行広告をみて、

「新築2階建て家屋の1階部分、約120㎡だが、どうだ」

と電話が入った。プレス機、旋盤、ボール盤などを運び込む。もちろん、すべて中古品だ。すぐに手狭になり、横の空き地を借りてプレハブを増設。このプレハブは、いまも新本社の1階に、当時のまま置いている。

社長以下4人全員が営業マンも兼ね、1社ずつ、注文取りに回る。門前払いが多く、たまの引き合いも、数が少なかったり、技術的に難しかったり。

「半分のサイズのものを、半分のコストで、半分の納期でつくれるか」

などという、むちゃな打診もあった。それも引き受け、試作品をつくり、受注につなげる。絶対に「ノー」と言わない、可能な限り納期を縮める、得意先を頻繁に訪ねる――これを、鉄則にした。とはいっても、零細工業には、なかなか門が開かない。

73年12月。米国へ、単身で出かける。ニューヨークに着くと、空港の公衆電話で、電話帳を手に、あちこちへ売り込む。体当たり商法だ。すると、大手電機メーカー「スリーエム」のリー・パスター技術部長が、興味を示してくれた。すぐに、本社のあるミネソタ州セントポールへ飛ぶ。教育用の録音ダビング機の小型化を目指していたパスターさんは、持参した小型モーターのサンプルを手に、

「これを、どこまで小型化できるか？」

と尋ねた。すぐに、

「3割は小さくできる」

と答える。出力、回転速度、ノイズなどの水準を落とさずに、全体を3割小さくする。桂工場で不眠不休で働き、翌夏、スリーエムを訪れて、試作品を渡す。パスターさんは、その速さに驚き、すぐに、千個、発注をくれた。

創業したころにも、営業先で、

「半分の薄さで、同じ力を出せるなら、お前のところから買ってもいいぞ」

と言われたことがある。会社に戻り、技術者を集めて聞くと、みんなが難しいという。そこで、

「いまから『できる、できる』と100回言うから、お前らも一緒に言え」

と命令し、合唱した。千回近くも言っただろうか。誰かが、

「あっ、社長、何か、できる気分になってきました」

と叫んだ。世界初のものをやるというのは、そういうことだ。

●「こんなに大きくなって、大丈夫か?」

米国を代表する企業スリーエムからの受注に成功すれば、次々に注文がくるようになるまでに、時間はかからない。さすが、「系列取引」などより実力本位の米国だ。日本で「日本電産」が知られるよりも先に、「Nidec」で国際企業となっていく。

74年7月。京都経済同友会の有志が設立してまもないベンチャーキャピタル、京都エンタープラ

イズデベロップメント（ＫＥＤ）を訪れた。新工場を建設するために、出資を頼むためだった。米スリーエムの注文は、桂の工場では、とてもこなせる量ではない。それに、桂工場の貧弱さが、何度も別の商談の障害になってもいる。２階は住宅、借りた１階は染め物工場にするはずだった建物で、精密加工をするつくりには、ほど遠い。隣に建てたプレハブも、工場というよりは、事務室兼倉庫のようだった。

そんな工場をみて、試作品には満足していた客も、驚いて、発注の取り消しが続く。スリーエムの前に受注できそうだった米国のテープレコーダー・メーカーも、桂を訪れた幹部が、肩をすぼめて帰国した。

新工場の建設は、急務だ。だが、銀行は、スリーエムの信用状を持って行っても、相手にはしてくれない。工場建設の資金づくりは、暗礁に乗り上げかけていた。あとは、もう、ＫＥＤしかない。

だが、訪れてみると、担当者に、

「おたくは規模が小さく、歴史も浅い。審査に回すけど、あまり期待するな」

と言われてしまう。あきらめかけた。ところが、数日後、ＫＥＤの社長を兼ねていた立石電機の創業者、立石一真さんから、

「一度、会いたい」

と連絡が入る。面談すると、さらに、

「桂工場をみたい」

と言われる。出資を検討する以上、現場をみることは、事業家なら当たり前のことだ。貧弱な工場に、立石さんを迎える。胸中は、祈るような気持ちだった。

「永守さん、創業1年でここまできたのは、立派です」

ベンチャービジネス創業期の苦労を、よーく、知っている経営者だった。そんな人に出会えたことは、本当に幸運だ。近年、ベンチャーばやりだが、立石さんのようによくわかった「エンゼル」(出資者)が、どれだけいるか。

KEDが出資を引き受け、中小企業金融公庫も融資を決めた。こうなれば、銀行の態度も変わる。工場の土地代、建設費、機械設備費のすべてが工面でき、年商の7千万円を超える「大投資」が実現する。スリーエムの幹部に、建設中の工場をみせ、喜んでもらうこともできた。

75年2月。京都府亀岡市に、念願の自前の工場が完成する。平屋建てだが、床面積は710㎡。桂工場の、6倍の広さだ。

兄の三郎さんが、このときのことを、よく覚えている。完成のお祝いに、母や兄たちと工場へ駆けつけた。母は、

「こんなに大きくなって、大丈夫か?」

と驚きつつ、ずいぶんと喜んで、ご祝儀を渡そうとした。

だが、「社長」になった息子は、

「要らん。これから日本全国や世界に、もっと大きいものをつくる。それなのに、いちいち祝儀を

もらっていたら、みんなが大変や」

と笑い、受け取らない。押し問答の末、結局は置いてきたが、母が、あんなにうれしそうな顔をみせたことは、そうはない。

●15分で食べれば全員採用

この年は、第1次石油危機の直後で、景気はきわめて悪かった。大企業の多くが、新入社員の採用をやめた。

「こういうときなら、うちのような零細企業でも、大学新卒を採れるのではないか」

そう思って、銀行の部屋を借りて、会社説明会を開く。30人くらいは来るだろうと、椅子を30個並べて待ったが、とうとう1人も来なかった。その後も、またやってみたが、たまに来ても、成績がひどい学生ばかり。翌年、ようやく、新入社員を5人確保した。でも、受注拡大には、とても手が足りない。

77年のある日、妻の父が、

「兵隊のときの経験では、早飯のやつが、仕事も速い」

とつぶやくのを聞いた。なるほど、と思って、採用試験の日に、わざと、速くは食べにくい中身の弁当を頼み、昼食に出した。

「15分以内に食べた学生を、採用しよう」

そう、決めていた。すると、「弁当付き」という募集に、なんと、38人も来た。

「昼食をゆっくり食べていただいて、試験はその後でやります」

と、説明のときに「ゆっくり」を強調したのに、15分以内に食べ終わった応募者が、26人もいた。その全員を採用する。その後も、「大声試験」とか「マラソン試験」をやってみた。マラソンは、速くなくても、途中で全く休まない人を、採った。

成績書は、みても仕方がないので、そのまま金庫にしまった。5年後にみてみたら、学校の成績と会社に入ってからの成績には、何の関係もない。もう、「確信」した。

「学校の成績は参考にしない。学科試験もやらない」

長年、採用をしてきて思うのは、人の総合的な能力差は、天才は別として、秀才まで入れてもたかだか5倍、普通は2倍くらいしか違わない。だが、やる気、士気、意識は、１００倍も差がある。だから、少々力が落ちても、意識の高い人間を採ったほうがいい。もし、仮に、

「成績のいい人を採れば、立派な製品やいい客を開発する」

ということであるならば、日本電産など、とっくにつぶされていた。声が大きい、食べるのが速い――それだけで入社しても、その後、東大や京大で博士号を取った社員が、何人もいる。それで、世界のシェアも上げた。

●ベルサイユ宮殿の太った鯉

実は、もう一つ、「確信」がある。

人間のタイプは、大きくいって三つに分かれる、と思う。一つは、もともとマッチを持っていて、世界的な新製品を出す意欲に燃える人だ。これは、１００人のうち、３人くらいしかいない。次に、マッチは持っていないけど、誰かが火をつけると、一緒に燃える人だ。これが80人。残りの17人は、マッチもないし、火をつけても、燃えない。そんな人間が30人もいるようだと、会社はつぶれる。

大事なことは、第2のグループの80人を、燃えさせることだ。これは、トップがやらなければいけない。だから、マッチを持っているはずの社長が、平日にゴルフなどへ行っていては、だめだ。

会社に一番早く出て、

「おはよう、新製品はどうだ？」

「営業は順調か？　困っているなら、一緒に行くぞ」

と、火をつけて回らないといけない。それもしないで、

「うちには、ろくな社員がいない」

などと嘆いている社長が、実に多い。それでは、社内は、燃えない。

以前、こんな話を聞いた。パリのベルサイユ宮殿の池で、鯉がたくさん泳いでいた。ところが、

観光客がエサをやるので、どんどん太り、じっとして、泳がなくなってしまった。そこへ、ナマズを1匹放す。すると、鯉が泳ぎ始め、スリムな体に戻ったという。つまり、緊張感だ。怖い者もなく、怠けていても、注意されない。そんな雰囲気になったら、会社は終わりだ。

99年2月25日。母が94歳で亡くなる。東証1部への上場も、ニューヨーク証券取引所への上場も、間に合った。間に合わなかったのは、新本社の建設だけだ。母は、亡くなる10日前まで意識があり、午後2時ころに見舞いに行くと、

「お前、会社の社長たるもんが、母親が死ぬくらいで2時に見舞いにくるとは、何たることや。夜にこい」

と叱られた。

「海外に出張して、母親が危篤やいうて、仕事を放って帰ってきたら、だめだぞ」

とも、念を押された。25年間、

「社員は、よく働いているか?」

と、何度も聞かれた。

「会社は大丈夫か?　お前、何時に行って、何時に帰ってるんや」

これは、社員の2倍働いているか、という確認だ。1日では2倍は働いていないが、土曜も日曜も働いているから、年間を通じたら2倍にはなる。そう答えると、

「それなら、大丈夫やな」

とうなずいてくれる。それを、病院でも続けた。すごくやさしいが、約束を破ったり、嘘をついたり、決めたことを反故《ほご》にすると、バンバン殴られた。でも、その「基本原則」以外は、黙って、本人に任せる。そんな母を、ずっと、

「おかあちゃん」

と呼んでいた。

永守さんの「Ａｇａ・ｉｎ」

母が毎月行っていた東寺を、２００４年5月28日に、「Ａｇａ・ｉｎ」で訪ねた。ここの五重塔は、京都の象徴として、人気がある。この日も、修学旅行の生徒を含め、多数の参拝者がいた。

●「もう限界」だから10倍喜ぶ

午後3時。東側の慶賀門前で車を降り、門をくぐって左手の宝蔵を囲む池の前へ行く。「大師の教え」を書いた立て札の前で、足を止めた。

「これですな。母は、こうした弘法大師の言葉を読んで、われわれに聞かせていた。大師の命日の21日に開かれる『弘法さん』には、小さいころ、よく連れてこられました」

境内へ入って瓢簞池《ひょうたんいけ》に近づくと、目の前に五重塔がそびえ立つ。とても、懐かしい。じっと眺めていると、前を、中学生たちが通る。

「基本的に、日本人の心は、仏教思想からきていると思う。昔は、みんな、熱心に信心した。でも、いまの若い人たちは、修学旅行だけだね」

実は、自分も大人になってから、ここには来ていない。八瀬の九頭竜弁天に、夫婦で行っている。自宅から車で1時間。途中のそば屋で、昼食を一緒にとる。月1回、「夫婦の会話」ができる日だ。そんなことを考えていたら、急に思い出した。

「『弘法さん』の日には、その辺にいっぱい露店が並んでいて、綿菓子を買ってくれと、母にせがんだ。だいたい『あかん』だったけど、ときどき、買ってくれた」

いつになく、しみじみした声が出た。

母は、一所懸命働いて、お金をため、周囲の農地を買っていたころで、ゆとりはない。だから、「あかん」で仕方がない。でも、いつもだめばかりでは、子どもは、暗い気持ちになる。大泣きする寸前、もう限界というとき、買ってくれた。何ともいえないタイミングだった。

いまの親のように、子どもがほしいといえば何でも買うし、泣くとすぐに抱き上げるのでは、我慢すべきことが身につかない。何かを人にしてもらったときのうれしさも、わからなくなる。子どもが、ひがむまでに至らないところで、ぎりぎり手を差し伸べる。だから、10倍も喜ぶ。社員を叱るときも同じだ。みんな、ぎりぎりまでやって、それでボーナスが加算されると、本当にうれしい。

人の使い方に通じる。

東寺に来て、よかった。やはり、「現場」は違う。ここに来ると、お寺は何も変わっていないから、それを背景に、「母に引っ張られた自分の姿」が浮かぶ。50年前のことでも、ばーっ、と出てくる。いつもの母の言葉も、聞こえた。

「人間は、そんなにいろんな力は、持ってない。だから、好きなこと、一つのことに、一所懸命やったらいい」

要するに、「深掘り」だ。それは、広く浅くやるほうが楽だ。「深掘り」はしんどい。でも、それをやれば、どこも、なかなか、ついてこられない。中国との競争も、真似されて撤退するのは、そんな浅い商品をつくるからだ。モーターならモーター、何かに集中して、真似されないものをやればいい。03年秋、再建を引き受けた三協精機も、多角化して失敗した。行ってみると、古い分野にすごくいいものがある。それを「深掘り」する。あっという間に、再建できるはずだ。

●「おかあちゃん」こそベンチャーだ

「Ａｇａｉｎ」の前日まで、国内を出張していた。その前は、米国へ行き、子会社や取引先を回った。4月22日、ニューヨーク勤務の長男に、男の子が生まれた。初孫だ。顔をみてほしいというので、出張の合間に、1時間くらいかかる郊外の家まで行った。奥さんのお母さんが来ていて、

「どうぞ、抱いてあげて下さい」

と言うので抱いたけど、壊れそうで、何回もは抱けなかった。名前をつけてくれというので、重信の「重」をとり、「信」と同じ九画の「俊」を選び、「重俊」とつけた。私と同じ申年で、5周り違い。

「同じ運命になれ」

そんな願いを込め、白い紙に「重俊」と書いて置いてきたが、みんな、と喜んでくれた。

「おじいさんは運が強いから、きっと、この子も幸運に恵まれる」

でも、正直言って、初孫と言われても、実感はわかない。こっちは、まだ現役だ。東寺と母のことを考えているうちに、いつのまにか、孫の話になった。母と自分、その次の世代。思いを巡らせて行くと、また、初孫の話に至る。

「孫は、米国で生まれたから、ベンチャー精神を持つ楽しみがあるね」

でも、同族経営は、創業時から否定している。「経営3原則」に入れて、そこらじゅうに貼り出してある。だから、孫も、特別扱いはしない。それも「母の教え」だ。

あの「おかあちゃん」こそ、すごいベンチャー精神の持ち主だ。最初は自作地が3反歩くらいしかなく、借りた小作地が5反歩くらい。それを、最後には、自作地を2町歩までにした。当時の貧しさは大変なもの。そんななかで、お金を残し、土地を買っていく。自分がやっていることより、ずっと、すごい。しみじみ、そう思う。

よく「親父の背中」とか言うが、うちではやっぱり、「母の背中」だ。

03年５月にオープンした京都市の新本社ビルの１階ロビーには、創業当時のプレハブが、そのまま展示してある

実験を楽しんだ京都府立洛陽高校（当時）の電気科時代

何ごとも「出来るまでやる」が信条。趣味はなし。元日の午前中を除き、年中無休。グループ会社が多い東京で100泊、海外出張で100泊、傘下に収めた三協精機のある長野県で100泊。あとの残りが京都の自宅で寝るという超・ハードワーカー。好きな言葉は、自分でつくった「困難は、必ず解決策を連れてくる」。

代なのに「早く一緒に住んでほしいので、帰してくれ」などと言うのは、論外だ。若者の辛抱のなさの理由の半分は自分だが、半分は親や家族にある。
それと、いまの若い人は、失敗すると、落ち込みがひどい。がくっ、とくる。「それくらい、いいじゃないか」と言ってやっても、だめだ。これでは、もう1回、やらせられない。「わしみたいな能力がある人間が、何でこんなことをするのか」と思い詰め、うつ状態となってしまう。
だから、若い人を集めてしゃべる機会があれば、当たり前の話になるけれど、「夢を持ってほしい」と言っている。夢。まず、夢がなければ、形にならん。夢があって、それを形にするのが、一番楽しいわけでしょう。それなのに、夢がないから、形にならん。これが問題やなあ。日本の若者からハングリーさが消えた。とくに、いわゆるモノづくりのメーカーに、夢を持たない。全部、ソフト志向だ。これでは、先々は暗い。これは、京都だけではなく、日本中が同じだろうね。
いまの若い人は人間関係が希薄で、「あんな人と付き合っても、何のメリットもない」などと言うが、おかしい。私は息子2人に、アメリカやイギリスへ行くときに「できるだけ人と付き合え。帰国しても、付き合いを切ったらあかんよ。毎年、クリスマスカードを出せ」と教えた。長い間みてきたが、年賀状の枚数と売り上げの比率は一緒だ。年賀状が増える人は、それと同じだけ売り上げが増える。人との関係が大切で、その相手は、その向こうに、また世界を持っている。近所の人との付き合いも同じ。地域の事情に詳しい人なら、夜中に子どもが病気になったとき、どこの病院へいけばいいか知恵を貸してくれる。そうやって、次々に人の輪が広がることを「ねずみ算の財産」と呼んでいる。そんな財産をつくるのは、人生で一番楽しいことだ。

若きビジネスパーソンへのメッセージ⑤

夢を持て。夢がなければ、形にならん！

日本電産社長　永守重信

人間の成長力の根源は、辛抱だ。それなのに、京都の料理屋さんでも、若い人が、下足番や皿洗いから始めさせると、すぐに辞めてしまう。そういう下積みが「勉強の場」として大事なのに、嫌がる。友だちと集まると、「そんなことをやっているの？」という目でみられ、ガールフレンドに「格好悪いわね」と言われて、辞めてしまう。そういうのは、いくら教育をしてもだめだね。「やりたいことをさせてくれないからだ」などと言うが、やらせてもできない。いずれはさせるし、やってほしいのだから、辛抱しろ。できないうちに下積みをして、いろいろ吸収しなくてはいけない。そういう辛抱ができない人は、人の心もわからない。管理者になっても、部下の気持ちがわからない。失格だ。

若い人には、古い言い方だけど「もっと働け」と言いたい。働かん、最近の若い人は。すぐ休む。楽な道へ行く。ハードワーキングを悪と思っているわね。人生をエンジョイすると言うが、「何のためにや？」と聞きたいね。アメリカのほうが、はるかによく働く。アメリカは自由な国だから、働く人はめちゃめちゃ働くし、怠け者は怠けてもいい。その代わり、怠け者は怠け者らしい生活しかできない。日本人は怠け者でいて、いい生活を求める。これは、最大の問題やわね。

ともかく「我慢」がなくなっている。「上司と合わない」というときは、動機付けに励ましも必要だが、辛抱していれば上司も代わる。人間、３年先がみられたら、そうとう偉い人物だ。よくて１年。それなのに、母親とか友人とかに「ここにいても、将来がない」などと、もっともらしいことを言われて動くのは、やめろ。本文にある「おかあちゃん」のお菓子ではないが、ぎりぎりまで我慢するから、喜びも大きいし、次への夢も持てる。

いまは、親も問題だ。会社に「うちの子が遅くまで仕事をさせられている。早く、帰してくれ」と言ってくる親までいる。子どもが帰宅して「余計なことを言わないでくれ」と怒ったケースはまだましだけど、僕の母親は本文にあるように「出張中は、私が死んでも帰ってくるな」という人で、いつも「自分の道を選び、大切にしろ」と言っていた。故郷にいる親が、まだ50歳

『「海」に抱かれて』

生田正治

いくた・まさはる（69）

日本郵政公社総裁

元商船三井社長

1935年、兵庫県精道村（現・芦屋市）生まれ。慶大経済学部卒。57年４月に三井船舶（現・商船三井）へ入社、主として定期航路部門を歩み、ロンドン勤務も経験。87年取締役。常務などを経て94年６月に社長。99年４月ナビックスラインと合併。00年会長。00年４月から３年間、経済同友会副代表幹事。03年４月に日本郵政公社の初代総裁に就任。

鉄鋼や原油だけではない。自動車も家電製品も、自分たちが運んでいる。
日本の輸出入量の99％以上を受け持つ海運を、よその国に牛耳られてはいけない。
激しい海戦を生き抜いた「艦長」は、今度は「郵政」という航海に船出した。
「海図」はない。また、自らの手で操舵するだけだ。

何かを成し遂げたら、翌日から、次の目標に取り組まなくては、だめだ。数字が少しよくなったぐらいで、あぐらなどかいていたら、きっと、立ち遅れる。

●「三の矢」を生かして不仲もまとめる

1994年5月9日。世界の海の勢力図を、書き換えた。東京・三田綱町の三井倶楽部で、日米欧亜の大手海運4社が、「ザ・グローバル・アライアンス」と銘打った画期的な提携に、調印する。4社の世界の約30の定期航路（定航）を、五つに集約し、船舶や港の施設の共同利用を進め、大幅なコスト削減を狙う。

メンバーは、米APL、オランダのネドロイド、香港のOOCL、そして、大阪商船三井船舶（現・商船三井）。世界の海運界が驚いた。それは、そうだ。昨日までの宿敵同士が、今日から手を結ぼう、というのだ。

大阪商船三井船舶の専務として、その仕掛け人を、務めた。

前年の秋。肝臓がんの手術から快復し、退院すると、赤字が続いていた定航の再建に、次々に手を打つ。定航は、長年手がけてきた花形ビジネスだが、船員コストの高騰や途上国勢の追い上げ、円高の進展などで、構造不況から、抜け出せない。

日本の海運界は、戦後、危機のたびに、政府や銀行の手を借りて再編を繰り返してきたが、もう、全く別の発想が必要だった。

社内には、

「定航から、撤退したらどうか」

との声まである。たしかに、LNG船などの不定期航路のほうが、着実に儲かった。だが、定航を手放してしまったら、もう「海の男」の会社と言えない。起死回生の打開策が、「アライアンス」だった。

米欧亜の大手も、東南アジアなどの新興勢力の安値攻勢に遭い、苦しんでいた。もう、何でも自力でやるという「自前主義」は、過去の遺物だ。あのトヨタだって、合理的な提携は、いろいろやっている。要は、思想と戦略だ。ただ、4社のどこにも、ライバルとの握手には抵抗感があった。そのうえ、米国勢と欧州勢は、仲がよくない。だが、仮に4社が3社や2社になってしまったら、提携の効果は、がくっ、と落ちる。

交渉は、まず、1社ずつと条件を詰めた。どこかともめた点は、別の会社との交渉で、解決策を探る。案がまとまれば、もめた相手に、

「これで、どうだ。あっちの会社は、いいと言ってるぞ」

と促す。何か、交渉するときには、「これしかない」では、だめだ。結論を決め打ちせず、常に、「二の矢」を持っていなければいけない。

94年2月。米APLのジョージ・ハヤシ社長と、ハワイのホテルで、最終交渉に臨む。4日間の

予定だったが、初日で終了する。80年代から、日米貿易摩擦で議論を重ねてきた仲だ。

「あなたは、建前と本音を使い分けず、論旨が非常に明快だ」

そう、ほめてくれていた。その信頼関係が、決め手となる。

2人の縁《えにし》は、これで、終わらない。

●ライバルが悔しがり、うれしさ倍増

「アライアンス」をまとめた翌月、社長に就任すると、「創造的改革」をスローガンに、経営改善計画を打ち出す。だが、外国為替市場で1ドル＝79円75銭まで円高ドル安が急進し、ドル取引がベースの海運界に、沈痛なムードが広がった。とくに、北米航路は、崖っぷちに追い詰められていく。

98年6月。ハヤシさんを、米国子会社の社長に迎える。同じ兵庫県生まれ。日系米国人では、例の少ない成功物語の持ち主だ。ところが、機関投資家優位の風潮と合わず身を引いて、前年末に挨拶に来た。退任後は、シルクロード巡りなどですごす、と聞く。その後、ひらめいた。

「うちへ来て、20年赤字が続く北米航路を再建してくれ。子会社のMOLアメリカは、日本人が、日本流に経営している。国際化が、できていない。そんな企業文化を、変えてもほしい」

電話と電子メールで、口説き続ける。日頃の電話魔、メール魔が、こういうときに、力を発揮する。ハヤシさんが、ついに言った。

「金のためでも、地位のためでもない。生田のために、やりましょう」

こんなにうれしい言葉は、ない。北米航路立て直しは、もう、みえた。

ライバルの日本郵船の首脳が、ハヤシさんのスカウトを知って、

「うちで、ほしかった」

と、地団太を踏んで悔しがったと聞き、うれしさが倍増する。

わずか3カ月で、MOLアメリカは、黒字に転じた。ハヤシさんは、まず社員の雇用を保障したうえで、3年後の収益とコスト削減の目標達成に向けて、全員に改革案を出させる。そこから60ほどに絞った課題を、数人のグループごとに課す。日本人特有の「チーム力」を、生かすためだ。それに、個人ごとの目標と報酬のインセンティブを、組み合わせた。日本流と米国流の結合だ。さらに、経営情報を、刻々と社員に知らせた。モラルは、一気に上がる。

ハヤシさんの「生田のために」の言葉に応えるために、一つ、猛然と頑張った。明治にできた船舶法の改正だ。この法律は、外国人が日本の海運会社の役員になることを、禁じていた。グローバル経済の時代に、そんな規制がある先進国など、聞いたこともない。運輸省の幹部に話すと、すぐに動いてくれ、改正法案が翌年の通常国会で成立した。99年6月18日に施行され、11日後の株主総会で、ハヤシさんは商船三井の取締役に選ばれた。本社の副社長も、兼務してもらう。

キーワードは「自立」だ。

●「占領下」の屈辱に誓う

35年1月19日。兵庫県精道村（現・芦屋市）に生まれる。父の治さんは、三井グループに勤務。兄と姉の3人兄弟で、よく、母の操さんに連れられて、海へ行く。途中、芦屋駅の近くにあったハイカラなパン屋で、あんパンとかジャムパンを買ってもらい、海辺で食べた。

41年に神戸市へ移り、国民学校に入学。以後、6回も転校する。2年生のとき、三井物産船舶部が分社化され、三井船舶が設立された。父が呼ばれ、一家で東京へ引っ越す。さらに、4年生の冬に山梨県へ疎開。直前、父が召集された。父は、45年2月に台湾増援船団に加わり、撃沈され、戦死する。

苦しい時代が続く。疎開先でも食べ物が乏しく、毎日、食べられそうな山菜を採りに行く。ジャガイモづくりもやったし、燃料確保に、木の伐採もやらされた。戦後、金沢市から叔母のいた愛媛県粟井村（現・北条市）へと移り、そこで卒業する。1年から6年まで国民学校だったというのは、自分たち、34年4月から35年3月に生まれた1世代だけだ。

粟井村では、逆に、楽しい思い出が積み重なっていく。学校から帰ると、勉強道具の入った風呂敷包みを放り投げ、すぐに表へ駆け出した。1年中、「自然の一部」になって、楽しい日々をすごす。春は、近くの山で、ワラビやぜんまいを採る。夏は、海に出て、ふんどし姿で泳ぐ。秋は、山へ向かって30～40分も歩けば、キノコ狩りができた。最高なのは、真冬の、爪毛ガニ獲りだ。体長は十数センチで、うまかった。粟井川の河口近くで獲れ、多いときは100匹を超える。

カニは、月夜の晩に出た。シーズンに5～6回、2人1組で行く。終戦間際、燃料用の松根油をとるために、海岸の松の木が切り倒された。その根っこを削り、チップにして、カンテラを灯す。1人がそれを針金でぶら下げて照らし、もう1人が肩からカニ入れの壺を下げ、熊手《くまで》と銛《もり》を手に海に入る。浅いところでは、熊手で引けば、ごそっ、と獲れる。少し深いところでは、銛で突く。

その味が忘れられず、社会人になってから松山へ行ったとき、粟井の海岸を歩いてみた。でも、コンクリートだらけで、カニの姿は消えていた。

50年春。中学を出て、松山北高へ進む。母は体が弱く、ずっと、ささやかな蓄えと父の死亡退職金で、やりくりしていた。だが、インフレで、貴重な退職金は、無残なほど価値を失う。母の苦労は、大変なものだった。無理がたたり、胃の手術を受ける。それでも、末の息子を都会で勉強させようと、兵庫県芦屋市へ転居し、1年の1学期に県立芦屋高校へ編入する。

「早く『自立』できるようになってほしい」

母の無言の思いが、心にしみる。

50年7月。夏休みを迎える前に、校長から突然、呼び出しがかかる。

「何か、悪いことでもしたかな？」

おっかなびっくりで行くと、校長は、

「ああ、来たか。君は親父も戦死して、苦労してるんじゃないか」

と切り出した。教え子が運輸会社の社長をしていて、高校生のアルバイトを探している。勉強がてら、小遣いを稼いできたらどうか——そんな話だった。8月にかけて1カ月、手伝いに行く。そのときに、衝撃的な体験をする。港を歩くと、造花、サンダル、おもちゃなど、輸出用の貨物の箱が山積みされていた。そのすべてに、原産地として、

「Made in occupied Japan」

とある。「Made in Japan」つまり「日本製」ではなく、「占領下の日本製」だった。

「そうか、まだ占領下なのだ」

16歳の心に、屈辱感が残る。入港する船も、すべて外国船。日本の船が、米国の西海岸に初めて寄港を認められたのは、アルバイト中の8月だ。いつか、自分の手で、

「Made in Japan」

を世界に送り出そう。心の中で、そう繰り返す。

●「突風」が吹いて深酒をする

57年春。慶応大学を卒業し、三井船舶に入社する。2週間くらいの研修後、任地が発表された。当時は、全員、北は小樽から南は福岡県若松まで、7カ所あった支店に配属された。発令されたら、その日のうちに荷物を発送し、汽車に乗らなくてはいけない。だから、みんな、国鉄(現・J

R）で送る荷物や布団袋に荷札を付け、あて先だけ空けておく。ただ、出身地と卒業した大学の地には戻さない、というルールがあった。自分は神戸生まれだから、神戸以外のどこへ行くか、緊張して、発表を聞いた。小樽行きから始まり、横浜、名古屋と進んでも、呼ばれない。「じゃあ、大阪かな」と思ったが、まだ、出ない。残りは神戸と門司と若松の三つ。そうか、九州のどちらかだ、と思ったら、何と、神戸で呼ばれた。

「あれ、僕だけ変則ルールが適用されたのかな。でも、よかった」

そう思って、赴任する。本籍地が東京になっていたからか、母が岡山にいるのに配慮してくれたのか、理由はわからない。ただ、神戸の港との強い結びつきを、感じた。

実は、このとき、会社にだまされる。東京を出るとき、

「三井船舶の新入社員が着任するといったら、関係する会社などから20人か30人は駅に出迎えが来るから、恥ずかしくない格好をして降りろ。ちゃんと、お礼も言えよ」

と言われ、そのつもりで、駅に降りた。だが、誰もいない。話が違う。でも、考えてみれば、新入社員を迎えになど、来るはずもない。思い直して、支店へ向かう。途中、

「靴ぐらい、磨いていこう」

と、ガード下の靴磨きに寄った。これは、よく覚えている。

神戸支店は60～70人で、新人はまず営業。神戸の輸出貨物量は日本一で、荷主は6割が大阪、4割が神戸だった。積み込みにどのくらい時間がかかるのか、出航時間はどうするか、夜中に船に行

って、段取りを打ち合わせる。潮気の多い、船会社らしい仕事だ。

66年9月。ロンドン支店へ転勤、早々と、グローバリゼーションの最前線を体験する。4年いた。その間に、ドルの大幅な下落が始まり、世界の海運界は、嵐の海に突入する。帰国して2年目、欧州航路のコンテナ化に関する日英独3社の提携案をまとめた。このころは、あらゆる提案書を1人で仕切る。責任上、書類の署名欄に、担当役員とともに自分の名を入れた。誰もが一目置いたが、課長になるのは、同期で早い人より3年も遅れる。「自立」が、目立ちすぎたのだろうか。

77年6月のある日。欧州航路ひと筋の生活に、突風が吹く。

退社時間になり、同僚と飲みに出ようとすると、向かいのエレベーターにいた永井典彦社長と目が合った。目礼して、そのまま降りたら、下で社長が待っていた。

「ちょっと、つき合え」

という。でも、先約がある。断って出ようとすると、飲み屋までついてきた。しょうがないので、乾杯すると、

「船主協会の会長になるので、秘書をやってくれ」

と言い出した。とんでもない。ビジネスは、第一線がいちばんだ。

「上司から、何も聞いてない。人事を直接言うのは、うちでは、ルール違反だ」

などと言って、断る。だが、社長はあきらめない。言い合っているうちに、けんかになり、社長は怒って帰ってしまう。こんなことで睨まれでもしたら、えらい迷惑だ。こちらも不愉快になり、

深酒をした。だが、翌朝、すぐに「現実」へ引き戻される。上司が青い顔をして、近づいてきた。

「社長とやりあったのか？」

結局、正式な内示があり、船主協会会長の秘書役になる。だが、嫌で仕方がなかったその職で、永井さんから、さまざまなことを学ぶ。政官財との人脈も、一気に太くなる。

「海運業界を、どうすればいいか」

そんな視点も、広がった。いまでは、深く、感謝している。

社長になるまでの37年間。政府や銀行の主導で大阪商船とも合併したし、いろいろあった。でも、その多くが、「自立」には、程遠い。トップに立って、円高で打撃を受けるが、大きな危機こそ、改革のチャンスだ。合理化を進め、保有株式の含み益などに頼らずに、赤字解消と復配を目指す。スローガンの創造的改革は、「創造的破壊」と翻訳され、社内の既得権のようなものを、次々に切り捨てる。まさしく、「非連続の経営」だ。取締役企画部長になった芦田昭充さん（04年6月に社長に就任）が、次々と打ち出す改革案づくりを、担ってくれた。

ただ、減量だけでは、「自立」はできない。体力自体の増強が、不可欠だった。

●「じゅげむじゅげむ」を捨てた電話

97年秋。お堀端の東京会館であった出版記念会で、大手海運の一つ、ナビックスラインの堀憲明

社長（現・商船三井相談役）と会った。２人で抜け出し、１階のバーで飲む。積もる話をしているうちに、どちらからともなく、

「やっぱり、長期的な手が必要だ。合併でも、研究してみようか」

となって、別れた。検討してみると、やはり、合併相手に最適だ。先方も、そう思ってくれた。役所や銀行に相談すると、別の案を出されそうなので、２人だけで話を進める。

業容や財務内容には差があったが、堀さんに、

「対等合併の形を残してほしい」

と要請され、その方針で進める。社内に、

「生田さんは、甘すぎる」

との批判も出たが、

「和をもって尊しとはせず」

「たすきがけ人事はやらない」

と明言し、型通りのバランス人事は否定する。商船三井側には、不満も残る。でも、お互い多くのしがらみに囲まれていたが、「自立」には、摩擦も傷も、避けられない。堀さんと２人で、踏ん張った。むろん、対立もする。なかでも、合併会社の新社名では、なかなか、歩み寄れなかった。

両社を合わせた「ナビックス大阪商船三井船舶」では、「じゅげむじゅげむ」になってしまう。お互いに、もっと短い名にしたかった。だが、いいアイデアは出ない。

堀さんが、よく、覚えている。

「困っていたら、ある日、生田さんから電話が入って、いきなり『社名は、商船三井にする。やはり、これが、一番わかりやすい。これをいじくるのは、もう、勘弁してくれ』と言ってきた。『いや、それは困る』と反論したのだが、いつになく強硬な口調のままで、電話が切れた。その後、しばらく、膠着状態が続いたけど、最後に生田さんが妙案を出してきて、それで、ようやく決着したんです」

出したのは、ナビックスが誇る鉄鋼原料などの部門では「MOLナビックス」との名を使っていい、文書や名刺にも表記していい、という案だった。MOLは「Mitsui O.S.K. Lines」、大阪商船三井船舶の英語の略称だ。それに、ナビックスを付ける。これで、決まった。やはり、「二の矢」が大切だ。

船長に求められる腕の一つに、「Bridge Resource Management」というのがある。港の中の混雑したところや、海峡などの狭いところを、巧みに通り抜ける運営手法だ。このとき、堀さんには、生田流の「二の矢」が、そう映ったと言う。

99年4月1日。合併会社の社長に就く。日本の海運界では初めての、役所も取引銀行も抜きの合併だ。もう、「自立」は大丈夫。翌年、社外取締役制度と執行役員制度を導入して、会長となる。合併で、予定していたより遅くなったが、改革役も交代が必要だ。

●病床の恩人に届いた記事

02年8月。首相官邸に呼ばれ、福田康夫官房長官に口説かれる。日本郵政公社の初代総裁への就任だ。最後まで固辞したが、

「財界人は提言するだけで、実行段階では、協力しないのですか」

とやられ、観念する。経済同友会の副代表幹事を務めていて、郵政民営化の提言にも関係していた。小泉純一郎首相にも、

「お国のために、やって下さい」

と、だめを押される。どんな場合でも、相手に、背中はみせたくない。

次は、郵政の「自立」だ。

03年4月1日。郵政公社総裁に就任する。その2カ月余り前。元日に郵便ポストの前で撮った大きな写真が、朝日新聞の土曜版「be」のフロントを飾る。記事に、船主協会会長になった永井さんの秘書役を務めたころの話があった。その部分を、入院中の永井さんに、奥さんが何度も読んで聞かせると、何度もうなずいた、という。永井さんは、その3日後に、亡くなった。

この話を、自分の2代前社長の相浦紀一郎さんが、商船三井の社内報で、「送る言葉」として書いてくれた。じーん、ときた。秘書は涙ぐみ、みんなも読んでくれた。

忘れられない思い出に、なった。

生田さんの「Ａｇａｉｎ」

04年6月15日。「Ａｇａｉｎ」で、神戸港を訪れる。郵政公社に入り、全国の拠点を回るなかで、03年秋、最後に神戸へ来た。でも、港に立つ時間はなかった。本当に、久しぶりだ。

横浜も好きだが、あまりに都会で、何となく東京に付いている感じがする。それに比べて、神戸は「自立」している。隣に大きな大阪もあるが、「神戸は神戸」というところがいい。

幼年時代、高校時代、そして新入社員時代と、感受性が豊かな時期に、いつも、神戸にいた。「ふるさと」というイメージでは、愛媛の粟井村での日々も浮かぶが、「ルーツ」となれば、やはり、神戸の海だ。ずっと心の中で、「自立」を支えてくれた。

「Ｍａｄｅ　ｉｎ　ｏｃｃｕｐｉｅｄ　Ｊａｐａｎ」

これが、とくに強烈だった。

●やはり「心は海」

午後1時前、中央区海岸通にある旧三井船舶の「海岸ビル」に着く。

「この2階で、働いた。3階にサロン風の『海運クラブ』があって、船主さんが集まっていた。そのオレンジジュースは、おいしかったね」

見上げると、駆け出し時代が目に浮かぶ。そこから、税関があったほうへ、歩き出す。梅雨の合間の晴天で、気温も上がって、30度近くだ。暑い。でも、汗も出ない。

「風景が、変わったな。オフィスビルが並んで、すっかり、街になっちゃった。あのころは、すぐそこまで海で、このへんは、海運会社の事務所がいくつかあっただけだった」

歩きながら話をしていると、広い道にぶつかった。右へ歩道橋を渡ると、煉瓦づくりの古い4階建てビルがある。屋上に時計台が立ち、いまも、時刻を刻んでいる。神戸税関の旧館だ。

「ああ、昔のままだ」「残っているんだ」「懐かしいね」「やっぱり、来てよかった」

間投詞のように、続く。右側に新館がつながり、旧館は、見学用の資料館になっているようだ。当時、書類を届けに出入りした玄関前で、

「ほら、土台が石でしょ。海岸ビルなどもそうだけど、当時の神戸のビルは土台が石で、阪神淡路大震災にも耐えたんだよね」

周囲を、確認するように見回し、

「この前が港へ入る道。東側は野原で、西側には通運会社があった」

次々に、思い出す。車に乗って、ポートアイランドへ渡り、埠頭の一つで停める。岸壁を歩く。港の向こうに街並みがせり上がり、六甲の山々がみえる。ナポリと似ているな、と思う。どちらも、

横に長い街の背景に山があり、船からみる夜景がきれいだ。

車に戻り、商船三井の埠頭を探す。見当をつけて降りると、対岸に、「ＡＰＬ」と書いた貨物船が、停泊している。

「あっ、うちと提携している船だ。あそこの埠頭だな」

思わず「うち」と出る。岸壁に向かうと、ＡＰＬ船の隣に、「ＭＯＬ」と書いた船がみえてきた。ハヤシさんと2人で並んでいるような、象徴的な光景だ、と思う。

水際に立つ。

「港は、いいね」

ポツリ、と言った。一瞬おいて、

「心は海」

と続ける。水面に目をやると、何か、白いものが浮かんで来た。

「あっ、カニ、カニ」

大きな声で叫ぶ。ハサミ2本で、懸命に泳いでいる。

「ワタリガニかな?」

大事なものでもみつけたように、うれしそうだ。

「血が騒ぐね。子どものころだったら、すぐに飛び込んでいたね」

カニの泳ぎをみつめながら、何度かうなずく。満足した顔だ。

●部屋に飾るミニチュア郵便車

再び、貨物船に目を移す。

「ああやって、無造作に積んでいるようにみえるけど、違うんだよな」

――あの船も、例えば、神戸の後は東京へ寄って、アメリカへ行く。向こうでも、シアトルやサンフランシスコ、ロサンゼルスなど数カ所の港を回る。あちこちで荷物を降ろして、また積む。そのときに、いちいち、ほかの荷物を降ろさなくてもいいように、始めから荷物の積み方を工夫する。「積み付け」と呼んだ。前後左右のバランスをとらなくてはいけないから、コンテナ1個ずつの重さを測り、均衡も考える。燃料の量や重さも、計算しなくてはいけない。臭いが出るものと臭いが付いては困るものを、離す必要もある。そういうことは、いまは全部、パソコンで処理できる。昔は、小さな船でも積み地が五つ、揚げ地が五つくらいあったから、担当の航海士には、「名人芸」が必要だった――

「思い出の引き出し」からは、いくらでも、出てくるものがある。

最後に、「海岸ビル」の前の埠頭へ行く。支店勤務時代に、よく、貨物船を訪れたあたりだ。岸壁の突端で、さざ波の音を聞きながら、じっと、水平線をみつめる。左へ目を動かすと、さっきまでいたポートアイランドがみえる。もちろん、あのころは、あんな埋め立て地はない。さらに左の港内に、白い船がある。

「あれは、巡視船かな。客船にしては小さいし、設備がついていない」

「海の男」の目になっている。

右に、ぐるっ、と視線を移すと、造船所。何本も大型クレーンが立っている。この光景は、当時と同じだ。職場のビルから、進水式で船がストーンと落ちるのがみえて、楽しかった。

船といえば、商船三井時代、モーリシャスやマダガスカルなどで、立派な模型を買ってきた。4〜5隻、社長室や会長室に置いた。船の絵も架けた。郵政公社の総裁室にも、持って来た。でも、いまは、郵便車のミニチュアを集めている。世界の各地から、もう約130台。総裁室が、賑やかになる。神戸にも、ミニチュアはあるだろうか。

夕方5時。「Again」を終える。2時間、郵政の話は、全くしない。今日の午後だけは、「海の男」に戻らせてもらった。

明日からは、神戸のたくさんの記憶は、もう一度、引き出しにしまう。「郵政民営化」だけに、集中する。でも、このルーツが、民営化のあるべき道筋に何かが立ちはだかるとき、きっと、それを打ち崩すエネルギー源になってくれる。

神戸の海が、そう、言っていた。

高校１年の夏休みにアルバイトで通った神戸税関の旧館。「威張っていてね、職員が」と振り返る

大学２年。母（中央前）や兄の家族と一緒に

独特の字で部下泣かせ。手紙には、その字で必ず「ひと言」を添える。何でも自分でやるほうで、役員が何か「できなかった」と報告すると、「自分でやったのか？」と追及する。「社内で気働きができない、しないやつは、お客さんに対してもできない」とも繰り返す。一所懸命が好きで、ゴルフは雨でもやる。愛読書は司馬遼太郎。『坂の上の雲』や村田蔵六を描いた『鬼謀の人』が大好きだ。

もう一つ、「たくさんの人を知ることは、いいことだ」とも言っている。僕は、どこでも行くのが好きだから、呼ばれれば行く。カラオケもやる。下手で怒る人はいないし、むしろ喜ばれる。ゴルフも同じ。そうやって、ごく自然な形でヒューマンネットワークができていく。どんどん、人と交わってほしい。

いま、公社にとっては、すみずみまでコミュニケーションが十分にとれているかが一番大きな問題で、その改善に取り組んでいる。例えば、各郵便局に対する情報の伝達や指示事項。当初は、13の支社へ送り、各支社が地域特性に応じて手を加え、それから各局へ流すシステムだった。これは一方通行で、時間がかかってタイミングを失うことも、余分な加工もあった。それを、スピードが何よりなので、本社から全局に一斉に流すことに変えることにした。また、長い文書の場合は、忙しい人向けに、最初の1ページだけ読めば、だいたいがわかるように工夫する。ただ、率直に言って、全部がうまくいっているわけではない。やはり、あまりにも巨大で、組織の数も多く、すべては意識と文化の改革がなされて、はじめて達成できる。ここでも、若い人たちに、思い切って取り組んでほしい。

04年9月にブカレストで万国郵便会議があり、百数十カ国から代表が集まった。話をしてみると、どの国の人も「市民の郵便通信を担い、社会に奉仕している」という使命感が強く、誇りも高い。公社の人も、このような誇りを持ってほしい。もちろん、押しつけるものではない。仕事を通じて、自ら持つべきものだ。新潟県中越地震のときに、ほかの業者は2週間くらい業務がストップしたが、郵政公社では近隣から「志願兵」が集まって、一日も休まずに輸送を維持した。避難所を回り、道が途絶えたようなところまで行って配達した。まさに使命感からで、これは誇ってもいい。それをみた若い人たちから、自ずから使命感が出てきてくれると思いたい。

若きビジネスパーソンへのメッセージ⑥

「be brave」。何でもやってみることだ！

日本郵政公社総裁　元商船三井社長　生田正治

商船三井時代は、夕方になると、本社15階の食堂にいれば若い人が５～８人ほど集まってきて、ビールを飲みながら話をしていた。郵政公社でも、03年４月の総裁就任から１年間、月１回、夕方に総裁室を開放して、酒とつまみを用意し、各部門の20～30歳代の職員30人くらいが交代で集まり、自由に話し合ってきた。ほかに、全国にある13の支社を巡って、郵便局長だけでなく、若手職員とも議論し、夜はやはり一杯やりながら話す。

印象を言えば、若い人たちは、もっと、思うことをどんどん言うことだ。郵政公社には「ここまでしか、自分たちは言ったり、やったりしてはいけないんだ」という壁みたいなものが、まだ残っている。そういうものを突き破り、もっと自由闊達に主張してほしい。民間企業でも、組織が大きくなるほど変に自分の分をわきまえて「まあ、この辺で仕事をしていればいいのではないか」との意識が出る。いわゆる大企業病だ。それは、商船三井にもある。そこをどう活性化させるかは経営者の責任。若い人は、ともかく、もっと「be brave」、勇敢に発言してほしい。

若い人と話す場合、何かアドバイスすると言っても、「明日からこうしろ」と説教すればそうなるものではない。やはり、本人の資質や努力が大きい。あえて言えば「何でも知ってみよう、やってみよう」ということだ。「これは、やらなくていいや」と思わずに、何事につけ関心を持ってやってみてほしい。

僕の場合、そういうふうにやってきたことが、振り返ると、すごく役に立っている。バカなようなことでも、やっているうちに世界が広がるし、知識も身についていく。本文にあるように、高校１年のときに神戸港でアルバイトをした。あれをしたのと、していなかったのでは、ものすごく違う。あのとき、「少年の目」を通じても、荒廃から立ち直る日本の姿がみえ、懸命に輸出を増やしていることもわかったし、ましてや、それに「占領下の日本」と刻印がしてあったのだ。日本に入る船も、全部、外国船だった。そのときは意識しなくても、まさに「目でみる社会学」、時代を認識するいい機会だった。

『ホタルの里』

奥田務

おくだ・つとむ（65）

大丸会長兼ＣＥＯ

1939年、津市生まれ。慶大法学部卒。64年に大丸に入社。京都店勤務、米ニューヨーク留学、梅田店開設、大丸オーストラリア社長などを経験。95年取締役。常務を経て97年３月に社長。03年５月に会長兼ＣＥＯ。03年５月から関西経済同友会代表幹事。

消費者の「買いたいものがない」との声に、いち早く反応した。

標的を明確にした戦略に転換、6期連続で連結経常利益が続く。

日本経済が、ようやく消費不況から抜け出そうとするなか、「顧客第一」にとどまらず、「顧客にベストのサービス」を目指す。

一つひとつ、当たり前のことを、きちんと積み重ねていく。それが、ゴールに到達する、最短の道だ。祖母と一緒に英語を学んで以来、いつも、目標を、明確にしてきた。

●「鬼の上司」のお墨付き

1983年4月27日。大丸の梅田店が開店する。大阪駅ビルの東側。ワンフロアが2700平方メートルと他店よりずっと狭いうえ、細長いつくりで、売り場が13階までの縦長デパートだった。

開店記念セールに出かけた客は、そんな構造だけに、すぐに通り抜けてしまうかと思っていたが、予想以上に店内にいた自分に、驚く。

いくつか、仕掛けが、してあった。

まず、商品を、流行やトレンドに比較的敏感で、新しいファッションを形づくる層向けに、思い切って集中する。近隣にオフィスビルが続々と建ち、通過する人の性格が、心斎橋店のあるミナミとは大きく違うことを意識した。加えて、商品の陳列場所を規則正しくは並べず、歩くところが蛇行するように配置する。少し行くと、目の前に服が下がり、鞄が並んでいる。そこで商品を手にしてみて、また次へ歩く、という仕組みだ。他店でも一部にみられる手法だが、それを、徹底した。

仕上げには、視覚的に購買意欲を刺激するデザインや照明システムを、目いっぱい採用する。狙い通りに客を導く「回遊導線」を、書き上げた。

そんな店づくりの全体計画を、開設準備室で、書かせてもらう。縦軸に購買傾向、横軸に年代で分けた表を作成し、どのマスに入るグループに照準を当てるべきかを、考える。男と女、似た所得層、同じ職業の人など、大きな集団が同じような消費をするとの仮説に立って、漫然と「不特定多数」の来店に期待する商品の構成や陳列では、もう、集客は難しい。立地条件に合った「特定多数」を呼び込む、あるいは、同じ地域にある姉妹店との棲み分けを考える。それが、必要だった。

7年前まで勉強に行っていたニューヨークの大学院や百貨店では、当たり前の戦略だ。だが、説明を聞いた役員たちは、驚いた。開店準備の責任者で、京都支店勤務以来の「後見人」でもあった本田博通専務（当時）は、

「目から鱗。奥田君は米国で経験を積み、理解が進んでいたが、われわれは米国のコンサルティングから学ぶ必要があった」

と振り返る。徹底して売り場を歩き、常に客の動向を追い、売り手に怒鳴りつけて改善を求める「鬼の本田」。その人のお墨付きが出れば、ゴーサインだ。店長は本田さん、自分も梅田店の営業企画課長になる。

だが、新しい構想も、すぐには成果が出ない。姉妹店からは、「敵」のようにさえみられた。でも、これは、頭だけで考えた案ではない。小売業では、金融や証券と同様に、米国が先を行き、教材になることは多い。

「商売に、理屈も、英語も要らん」

先輩たちに、そんな声があるのは知っている。でも、帰国後に二度目の京都店勤務でつくった「マーケティング・マニュアル」で、すでにテスト済み。手ごたえは、もう、得てあった。

案の定、苦戦は、1年ほどで終わる。3年目には、利益も出そうになる。すると、本田さんに、

「もう、お前の仕事は終わった」

と言われ、満4年で本社へ戻る。

その本田さんは、いまでも、あのときに渡した梅田店の計画書を、持っていた。

「いま読み返しても、立派な内容だね。企画力に富み、発想がダイナミックだ」

と頷く。

誰言うとなく、自分に「マーケティング博士」というあだ名が付いた。その考えを梅田店で実践したので、「梅田学派」とも言われる。全社が、一目を置いた。

キーワードは「視線」だ。

●「カムカム・エブリボディ」を聴いていた祖母

39年10月14日。三重県津市で生まれる。父は正さん、母は廷《たか》さん。兄と姉が2人ずつ、弟と妹が1人ずついたが、長兄と末妹は早く亡くなった。七つ違いの次兄が、日本経団連会長の奥田碩さんだ。

父は慶応大学を出て、祖父が興した奥田証券を継いでいたが、あまり株の取引には向いた性格で

はなく、大学に残って勉強を続けたかったらしい。津の本社だけでなく、大阪・北浜にも店があったが、子どもたちには、

「家業を継がなくてもいい」

と言っていた。

45年春。近隣の、母の実家がある飯南郡射和《いざわ》村の上蛸路《かみたこじ》（現・松阪市）へ疎開。祖母宅から歩いて10分のところの借家に入る。翌春、射和小学校に入学。あまり、勉強した覚えはない。本が大好きで、3年生のときに、母が講談社の箱入りカラー刷りの少年文庫を揃えてくれた。夏休みに、『三銃士』や『巌窟王』などを、読みふける。

近隣には、山や田畑、川や池があり、小川で釣りをして、山にヤマモモやキノコを採りに行く。8年余りの自然に包まれた生活。よく覚えているのが、ホタルだ。

ある晩、兄と一緒に、松阪へ自転車で通っていた父を、迎えに出た。田んぼの中の道を行くと、ばーっ、とすごい群れに遭う。2人で、しばらく、目を奪われた。

兄は、自分が中学に入るころには、東京の一橋大学へ行っていた。でも、休みには、よく帰省した。七つも違うから、けんかなどはしない。弟たちの面倒見がよく、努力家だった。いつも、電気をつけて、机に向かっていた。そんな兄の歩みには、敬意を込めた「視線」を向けてきた。祖父の血のほうを継いだのか、兄は、若いときはマージャンが強く、競馬も好きだった。自分は、賭け事は好きではない。父の遺言の一つに、

「株には、手を出すな」

というのがある。証券会社をやっていた父が、どういった意味で言ったのか、わからない。それを、兄がどう聞いたかも知らない。

興味深いのは、母方の家系だ。遡っていくと、百済から渡ってきた帰化人のボスだったらしい。鋳物の技術を持ち、河内の国に住んだ。その常保《じょうほ》家が、なぜか、一族郎党を率いて上蛸路へやってきた。そこへ、漢方医の家から嫁いできたのが、祖母のこてふさんだ。体は小さかったが、すごい迫力の持ち主で、兄は、喧嘩をして帰ってくると、

「もう一回、喧嘩しておいで。勝つまで、帰ってくるんじゃない」

とやられた、という。

忘れられないのは、その祖母が、70歳を過ぎても、NHKラジオの「カムカム・エブリボディ」という英語講座で、勉強を始めたことだ。一緒に聴かせてもらい、小学校で英語を口にすると、同級生が驚いた。

55年春。松阪市の殿町中学を卒業。県立津高校へ進む。すでに、中学2年のときに、上蛸路から津へ戻っていた。津高校は、自由な雰囲気で制服もなく、ときどき、朴歯の下駄で通う。まだ、「蛮カラ気どり」が許された時代だった。

でも、慶応大学法学部から就職直後くらいまでは、何となく、世の中を、ぼーっ、とみていたような気がする。まだ、どこかに「視線」を絞っては、いなかった。そんな気分だったせいか、大学

時代と入社当初に、友との「2人暮らし」を繰り返す。その前半、大学では、津高校で同期の新《あたらし》達美さんと一緒だった。2年間、京王井の頭線の沿線で同居する。互いに気を遣うこともなく、居心地はよかった。

航空会社や総合商社など、就職先を考えているときに、たまたま、林周二氏のベストセラー『流通革命』を読み、

「これからは、流通業だ」

と大丸を選ぶ。

●税関の人が驚いた本の量

64年9月。入社して5カ月、大阪本社で研修を受けた後、配属先が京都店に決まる。同期入社で、一緒に赴任した梅田昭彦さんは、

「新入社員は、東京、大阪、神戸、京都の店の中から、どこへ行きたいか、希望を聞かれた。私は希望通りだったが、奥田君は東京を望んでいたのに、通らず、がっかりしていたようだ」

と思い出す。京都には6人が配属され、全員、阪急・桂駅から近い会社の寮に入った。だが、飲んで帰ってきては門限を過ぎるので、

「入寮期限が来た」

と追い出される。仲のよかった4人で、近くのアパートに2部屋借りて、2人ずつ住んだ。今度は、梅田さんが同室だ。自炊で、風呂はなく、近くの銭湯へ行く。風呂好き洗濯好きで、いつも身ぎれいにした。スーツは、グレーやダーク系の柄なし。地味でも、織りに凝っているものを、選ぶ。頭髪は、いまと同じ。きちんと、分けた。

職場は旅行鞄、次にハンドバッグの売り場につく。一階の花形売り場だったが、返品伝票を書くような仕事ばかり。「都落ち」という負の気分が、なかなか抜けない。ただ、当たり前のことだが、仕事は全力を尽くす。当時、どの売り場でも「品減り」があった。帳簿上の数より実数が少なくなることで、万引きやレジのミスなどが、原因だ。これが、一つもないように、厳しく管理した。週末に、プロの泥棒集団がたくさん来ていたが、隙をみせないように努めた。

1年半で外商へ移り、大学担当となる。浄土宗の仏教大学に食い込み、営業成績は抜群だった。だが、それでも、気は晴れない。入社して3～4年間、

「もう、やめたろ」

と思い続ける。でも、いつのまにか、仕事に向けて、「視線」を定めてくれたものがあった。子どものころから好きだった、本だ。経済誌はもちろん、マーケティングや小売業関係の本を、片っ端から読んだ。自慢ではないが、いくら不満はあっても、すごく、勉強した。いまの若い人に、

「もっと、勉強してほしい」

と胸を張れるくらい、学んだ。

73年8月。選ばれて、米ニューヨーク州立大のファッション・インスティチュート・オブ・テクノロジー（ＦＩＴ）に留学する。2年間、最先端のマーケティング論を学ぶ。並行して、マンハッタンのブルーミングデールズ百貨店で実修も積む。米国の合理化された考え方と小売りのあり方は、刺激的だった。

この経験が、その後の人生を決める。あれからずっと、頭の中で、米国流の合理主義と日本の伝統的な価値観が結びつき、共存してきた気がしている。同期生たちは、そんな自分を、「奥田君は、留学で、すごく勉強してきた。帰国したときに、大阪税関の人に『いままでたくさんの留学生をみてきたが、これほど本を持って帰った人は、初めてだ』と言われたほどだ。成績は首席で、ＦＩＴに『もっと、残れ』と言われたらしい」

と期待してくれた。

帰国後、本社勤務を経て、2度目の京都店勤務になると、店長になった本田さんと出会う。「現場主義」の薫陶を受けた。「梅田学派」の幕が開く。

●嫉妬が支配する日本社会で

97年3月。社長に就任。4年近くいたオーストラリアのメルボルン店から戻り、同期より遅れて取締役になって1年9カ月。常務に昇格してからは、わずか9カ月だった。

その前、内定の記者会見のために大阪・北浜の証券記者クラブへ行くと、部屋に入るなり、どよめきが起きた。いくら取材しても、新社長の名前がわからぬまま、

「誰が社長になるのか？」

と息を詰めていた記者たちも、まさか、常務に成り立ての自分だとは、思わなかったようだ。兄に比べて童顔なため、余計、驚きがあったと聞いた。でも、当人にとっても、青天の霹靂《へきれき》だった。

だが、事情通が、

「創業家の出で、前任の下村正太郎社長が、梅田開店時代から目をつけていて、もう決まっていたコースだよ」

と、解説してくれた。そうなのかもしれない。でも、いずれにしても、「視線」はいつも、経営に向けてきた。臆するものはない。

社長になって、収益を洗い直してみる。当時はまだ連結決算になっていなかったが、もし実施してみれば、赤字だった。でも、赤字を抱えた子会社がいくつあっても、親会社が黒字ならば、許された時代だ。だが、

「連結決算と時価会計の導入は、目前だ。このままでは、とてもダメだ」

と思い定め、「非連続の経営」を始める。

改革は、前任者を否定することになるが、仕方ない。日本は、だいたいは嫉妬が支配する世界で、先輩や目上なのに、後輩や部下がいい仕事をすると、妬んで悪く言う人が少なくない。でも、下村さんは、

「あなたに、すべてを任せます」

とだけ言って、思うように、やらせてくれた。最大のサービスを最小のコストで実現する「ローコスト経営」。その実現に、早期退職の募集をはじめ、多様な手を打つ。1万人を超えていた社員は、6500人に減る。1人でも削減しようとすると、職場が既得権を楯に抵抗した時代が、終わる。兄が率いたトヨタ自動車は、「人をクビにしない」で通している。大丸は、そうはいかない。よく、記者に、

「お兄さんの経営手法を、参考にしていますか?」

と聞かれるが、そんなことが、あるはずがない。企業ごとに、歴史や置かれた状況、抱えた人材の内容など、すべてが違う。それを踏まえて、何がベストか、経営者は自分の頭で考える。だから、

「いや、兄貴とは、全然、違うから」

と答えている。何の対抗心でも、ない。

●当たり前のことをやって「宇宙人」

「非連続」の象徴は、11あった海外店を、全部、閉めたことだろう。もう、海外では、以前のような片手間の経営では勝てない。香港に出店したのが59年、タイが64年。当初は地元の小売業が育っていなかったから、楽に稼げた。でも、地元勢が育ってくれば、そうはいかない。

日本独特の営業手法も、海外では、弱点になっていた。米国の百貨店なら、商品を自分のリスクですべて買い取り、自分たちの社員で売る。日本にもそれはあるが、せいぜい売上高の2割弱。あとの8割強は、取引先に場所を貸し、商品を売ってもらう。海外に出ても、手法は同じだった。でも、立地がよく、広い売り場がある間は、取引先もついてきてくれるが、地元勢がもっといい場所に大きな店を出せば、だめになる。

どこの経営者も、店の「撤退」はブランド力を落とすと考え、やりたがらない。でも、それをいち早く、徹底した。自分が開いたメルボルン店も、閉めた。せっかくほかの店が稼いだ利益の垂れ流し状態に、ストップをかける。

顧客情報の全社ネットを構築し、個々の客へのサービスも充実する。外商では、20～30%の値引きが恒常化していたが、廃止した。

「それでは、客をよそにとられる」

との不満も出たが、でも、やめた。やったことは、当たり前のことばかりなのに、社内に、

「宇宙人」

と呼ぶ声も出た。約1年半、集中的にやったところで、

「緊急措置は、終結する。私が社長でいる間は、もう、やらない」

と明言する。いつまでも、だらーっ、と後ろ向きのことを続けていては、士気は下がるばかり。ここが、陥りやすい穴だ。前へ攻めることを、置き去りにしてはいけない。もし、この判断が速す

ぎて、再びリストラが必要な事態を招いたならば、責任をとって辞める。トップなら、当然だ。

就任3年目に、過去最高益を達成した。以後、毎年、記録を更新中だ。

●自分の手でやりたいが、あきらめた

2003年3月6日。札幌店を開店する。地上8階、地下1階。梅田店以来の大型店だ。改革前の基準なら、800人近くが必要とされた広さに、490人でスタートする。団塊世代と団塊ジュニアに照準を当てた営業戦略や売り場の配置、店員の職務分担など、積み重ねてきた経営手法の集大成を、盛り込んだ。初年度から黒字となる。勝因は、本社一元化による均質サービスと、地域の事情に即した個別サービスのバランスだ。

開店のときに、OBを20人ほど招き、「集大成」をみてもらう。下村さんも、本田さんもいた。みんな、頷いてくれた。

次は、工事が始まったJR東京駅東側の新東京店だ。いまの売り場面積3万2千平方メートルが、新ビルへの移転で、4万5千平方メートルに4割も広がる。08年3月に開店し、第2期分が11年にできる。これは、03年5月に座を渡した山本良一社長に、頑張ってもらう。山本社長は53歳。

「まだ、若すぎるのでは?」

と言う人がいたが、ローソンやユニクロはもっと若い。彼は、改革では現場に何度も足を運び、

旗振り役を務めた。ツーといえば、カー。要諦を、いちばん、知っている。だから、「現場」は任せた。思い切って、突っ込ませる。

長い間、「顧客第一」と言い続けてきた。お客の満足度を第一に考えるのは、当たり前のことだ。いまや、どの会社でも、掲げている。もう、次の段階だ。それは、お客にとってベストのサービスを提供する「顧客最上」だ。「第一」だけでは、「最上」とは限らない。「最上」は、簡単ではない。でも、達成できれば、競争から大きく抜け出せる。

本当は、自分の手でやりたいが、あきらめた。任せた以上、手は出さない。

でも、「視線」は、はずさない。

奥田さんの「Ａｇａｉｎ」

射和小学校には、３～４年前に行ったことがあるが、「ホタルの里」は、ずっと、訪れていない。04年６月20日。「Ａｇａｉｎ」の企画で、やっと、行けた。朝早く、大阪の自宅を車で出て、西名阪自動車道から伊勢自動車道に入り、松阪ＩＣで下りる。午前９時半。松阪駅前で、小学校の同級生の冨田岩雄さんらと落ち合った。車に分乗し、国道42号から工業団地の裏を抜けて、上蛸路に着く。

●みんなが覚えている「のらくろ」の本

友が指さした自宅跡は、空き地だった。しばらくあたりをみていたが、何となく、納得がいかない。少し先の十字路を左へ折れて、ちょっと先まで、行ってみる。

「ここ、ここが旧道だ。松阪の殿町中まで1年半、自転車で通ったな」

ようやく、顔がほころんだ。その旧道を、さらに歩く。父を迎えに行き、ホタルの大群に遭遇したあたりに出た。あれは、夜の8時か9時ころで、いま思えば、兄だけでなく、姉たちもいたのかもしれない。みんな、びっくりして、みとれた。

半世紀ぶりに、そこに、立つ。

田んぼや畔を流れる水路、その向こうの林など、この光景は、あのときのままだ。納得して、車に戻る。途中、大学生で亡くなった長兄の同級生に、声をかけられた。

「お兄さんの面影がある」

そう言われて、驚いた。考えてもいなかったことを、知る。来て、よかった。

車の近くで待っていた冨田さんが、奥田家に遊びに来たころのことを、話し始める。

「奥田君の家には、『のらくろ』があった。当時は珍しいカラーの漫画で、読ませてもらうのが、楽しみでね」

自宅跡の向かいの路地を入って行くと、祖母がいた旧常保家だ。いまは、女中頭だった人の娘さん夫婦が住んでいる。広い庭は畑のように変わり、鋳物工場があったところにも家が建つ。でも、周囲は変わっても、庭の植木や庭石は、昔のまま。懐かしい。

ここで、小学校しか出ていないのに、70歳を過ぎて英語の勉強を始めた祖母をみて、まぶしい気がした。具体的には言えないが、いろいろな影響を受けた気がする。やはり、自分の原点だ。

路地を先に進むと、上り坂になる。右側に墓地があり、さらに上へ行くと、常保家の墓だけが並ぶところがある。毎日、その脇を歩いて、学校へ通った。峠を越えて、子どもの足で約40分。いまは舗装されているが、砂利道だった。

きょうは雨模様。ときどき、ざーっ、とくる。再び、車に乗る。射和小学校へ着くと、10人近い同級生が、出迎えてくれた。ここでも、「のらくろ」の話が出る。冨田さんによると、母はよく授業参観に来た。いつも和服で、原節子のような雰囲気だった、という。卒業式には、父が羽織袴で来たというが、覚えていない。

給食は、すいとんが多かった。脱脂粉乳を溶いた「牛乳」は、すごく、おいしかった。何か、人間が信じ合い、いまのような殺伐した空気ではなく、

「同胞相哀れみ、家族和し」

という日々だった。子どもたちは、朝から晩まで遊び、家に帰れば、食べて寝るだけ。娘が小さいころに、学校の話を聞くと、あのような日々がなく、かわいそうになったことを思い出す。

再び車に乗って、天啓の池に行く。1年生の遠足で来たときは、水のきれいな大きな池と隣の法泉寺だけだった。いまや、すっかり整備され、「のびのびパーク天啓」と名付けられている。近くの工場で働いている中国人の男女8人が、雨の中、遊びに来て、記念写真を撮っていた。学校から、歩いて約30分。遠足では、お弁当が楽しみだった。法泉寺は1715年の建立。山門をくぐると、石段がある。ここで、記念写真を撮ったことも、みんな、覚えていた。

●生返事ばかりの兄と弟

地元で名高い鮎料理店で、昼食をとる。同級生が10人、うち2人は女性だ。窓の外を流れる櫛田川は、きょうが鮎釣りの解禁。友釣りを楽しむ姿がみえる。食後、みんなと別れて、松阪市へ戻り、卒業した殿町中学校に寄った。松阪城趾のすぐ下だ。昔は女学校で、母が出た学校だ。まだ射和に住んでいた1年半は、自転車で通った。約30分、足腰が、ずいぶん、鍛えられた。

城趾へのぼる。このあたりには、本居宣長に縁のある建物が多い。中学の校歌にも、宣長の教えが盛り込まれていた。いまでは、街の歩道にも宣長のからくり人形があり、勉強中に眠くなったら、ひもを引けば鈴が鳴る――そんな仕掛けも、付いている。松阪といえば、城主だった蒲生氏郷と本居宣長、それに三井家を興した10代目三井高利だ。その3人では、やはり「商人」の三井高利が、一番、身近に感じる。

さらに、母校の津高校へも足を伸ばす。父も卒業した学校だ。兄も、いったんここへ入ったが、学区制の新設で、松阪北高（現・松阪工業高校）へ移った。兄は、トヨタ自動車販売に入社したとき、運転免許証を持っていないので、とったほうがいいと言うと、

「おれは、いまに迎えの車が来るようになるから、いらん」

と笑っていた。最近、その兄と、よく夫婦同士4人で、食事をするようになった。そんなとき、2人の妻が、兄弟に共通していると言うのが、

「いつも、何かを考えていて、生返事ばかりする」

という点だ。兄に、

「あんたも、そうか？」

と聞いたら、

「いつも、かみさんに『あなた、また聞いてないでしょ』と叱られる」

と認めた。実は、この前、家で娘にも同じことを言われた。四六時中、仕事のことを考えているせいだろうか。どこかで打ち切ろうとは思うのだが、やっぱり、頭に浮かんでしまう。珍しく3～4日休みをとって、家族で遊びに行っても、

「あれ、どうなってるやろ。これ、どうなってるやろ」

と思ってしまう。悲しい性だ。もっと、子どものころのように、自然の中に浸りたい。

津高校では、3年前に頼まれて、全校生徒に「グローバリゼーション」をテーマに講演した。で

も、若者たちの国際感覚は、言わなくても、どんどん変わる。娘夫婦をみていると、いまの20〜30歳代は、欧米的な合理主義だ。兄なんかもっとひどいが、われわれは会社だけの生活だった。滅私奉公は、もう流行らない。

結局、従業員が幸せにならなかったら、経営は意味がない。われわれは会社のお仕着せで、いろいろな部署を回された。いまは、そんな時代ではない。だから、全社で「節目面談」を始めた。27歳で、「何をやりたいのですか」

と聞き、できるかぎり、やりたいことをさせてあげる。34歳では、

「あなたは、これまでこうだったけど、本当は、こうではありませんか」

という具合に、進むべき方向を話し合う。でも、44歳になったら、

「もう悪いけど、会社で、方向は決めさせていただきます」

という場合も出る。そういうふうに、個人個人が、まず自分の価値観で仕事を選択し、そこで、燃焼してもらう。それが、会社のためにもなる道を探す。この仕組みが完成したら、もっと、すばらしい会社になるはずだ。

「ホタルの里」には、そんなことを深く考えさせる、静けさがある。

祖母や両親の、声も聞こえた。

祖母の旧宅前で、同窓の人たちと。歳は違っても顔見知り。名前や兄弟姉妹の話が、次々に出る。左端が冨田さん

小学１年の遠足で。まだ、粗末な身なりだった。中列右端が奥田さん

同期入社の友に「お前の血走った顔は、みたことがない」と言われるほど、故郷でゆったりとした性格に育つ。趣味は音楽鑑賞でバッハの愛好家。新入社員時代はビバルディの「四季」を、ぼーっ、と聴くのも好きだった。以前はウクレレも弾いた。映画は西部劇で、ジョン・ウェインのファン。大学時代から山歩きも好き。信条は「for the company」。

もらった。下手な英語で付き合う苦痛もあったが、それで何かが開けていくし、入る情報も違う。彼らから最も刺激を得たのは、選択の多様性だ。日本だけで暮らし、終身雇用で会社も変わらないと、一つの企業文化が染み込んで、物事を考えるときに「これしかない」と思ってしまう。でも、実は、そんなことはない。外国人と付き合ってみると、同じ問題に直面しても「ああ、こういう解決の仕方もあるんだ」と知る。本文に出てくる梅田店でやったことも、異文化というか、視点の違いをニューヨークで学んできたからで、やはり「答えはこれだけではない」という証しだ。そんな経験を、できるだけ多くの若い人にしてほしい。

もう一つ、言っておきたい。好きな漢詩に「少年老い易く　学成り難し　一寸の光陰　軽んずべからず　未だ覚めず　池塘春草の夢　階前の梧葉　すでに秋声」というのがあるが、最近、これを痛切に感じる。人生をそんなに無駄には過ごしてこなかったとは思うけど、この歳になってみると、「やっぱり、無駄にすごしたなあ」とも思う。これは、精いっぱいやった人でも、感じるらしい。

若いときに、ぼーっとしてすごすことにも効用はあるが、勉強もせず、本も読まず、ぶらぶらしているだけの若者をみると「人生というものは短い。もっと大切にしなさい」と言ってあげたくなる。何となく会社にきて、夜は飲みに行き、ぐだぐだ言って終わる。休みになると、漫然とゴルフをする。そういうこともあっていいのだろうが、やはり「一寸の光陰　軽んずべからず」だ。運動でも何でもいいから、何かに熱中して燃焼しなさい。何かの分野に関して、人とは「Something Different」というものを持ってほしい。本当に、人生、一刻一刻を大切にして生きたほうがいい。それに早く気がついたほうが、勝ちだ。

若きビジネスパーソンへのメッセージ⑦

「少年老い易く」だ。好奇心で打って出よ！

大丸会長兼ＣＥＯ　奥田務

いつも思うのだが、ビジネスパーソンには「上司運」というのがある。僕も何十人という人に仕えてきて、何人かには「これはあかん」と失望したが、たいていの方はいい上司だった。そんな体験から言いたいのは、自分が「やりたいこと」を上司に言って、上司に影響を与え、変えていくというのが、部下の一つの仕事だ。それを、いまの若い人は「上司がしてくれないから」と愚痴るだけ。言わば「してくれない族」だ。それではだめだ。

ビジネスパーソンにとって、「やりたいこと」をやって自分のプラスになり、会社の利益にも反映するというのが一番いい。でも、大丸では、本文にあるように「節目面談」で「あなたは何がやりたいんですか？」と聞いているが、反応のない人もいる。人事担当者に聞くと、３回目の44歳の面談では「やりたいこともないし、ようわからん。会社の言う通りに黙ってやるから、会社で決めてくれ」と言う人が多い。34歳や27歳と若くなると、「こういうことをやりたい」という人が増えはするが、「これを絶対にやりたい」と燃えるようなものまでは出てこないようだ。

大丸のような百貨店や小売業は保守的で、どうしても「館」の中にいて、お客さんが来るのを待って売るところがある。もっと好奇心を抱き、打って出なくてはいけない。僕なんか、何か新しいものがでてきたら、必ず行ってみる。いい話を耳にしたら、聞きに行く。本も、いま売れているものを読んでみる。映画でも同じ。陰で「雑学の大家」などと言われたが、それでこそ、いろんなことをやらせてもらえた。若い人たちは、パソコンなどで内に籠もらず、週休が２日あるのだから、１日くらいは外へ出て、映画を観たり、音楽会へ行ったり、あるいは新しいショッピングセンターをのぞいてみてほしい。

海外で暮らすのもいい。ただ、英語ができないからといって、日本人だけでかたまってはいけない。豪州店には20人くらい部下を連れて行ったが、「お互いに近くに住むな。日本人同士で付き合わず、地元の人と食事でもしなさい」と、強制的に地域をばらして家を借りさせた。もちろん、それができる人とできない人がいた。僕ら夫婦は、ずいぶん、現地の人の家に呼んで

『赤道直下の丘』

米倉弘昌

よねくら・ひろまさ（67）

住友化学社長

1937年、神戸市生まれ。東大法学部卒。60年４月に住友化学工業（現・住友化学）に入社。米国に３年余り留学。企画部を長く歩み、とくに国際関係の仕事が続く。91年取締役。常務などを経て00年６月に社長。04年５月から日本経団連副会長。

化学産業は、国内製造業の出荷額の９分の１を占める。

最大の素材産業だ。

時代の最先端をいくＩＴ産業やバイオ技術などを、幅広く支えている。

米欧亜に太くパイプを持つ、きっての「国際派」リーダーが、今度は、中東にもターゲットを当てた。

何でも、真面目にやり通す。
大事なのは、どれだけ本気で取り組み続けるか、だ。
きっと、結果はついてくる。

●「同心円」のようだった2人

1983年7月6日。米シカゴの高級ホテル「リッツ・カールトン」に、日米を代表する経営者92人が、顔をそろえた。第20回の日米財界人会議だ。この会議は、日本と米国で交互に開かれ、日米、米日の経済協議会の会長が、共同議長を務める。ときに個々の立場を打ち出し、ときには協調を求めながら、「友好」を基本に続いている。

だが、シカゴの会議は、初日のレセプションから、それまでと少し違う雰囲気に包まれていた。半導体分野をはじめ、日米間で、貿易摩擦が急速に高まっていたためだ。

日本側議長の長谷川周重《のりしげ》・住友化学会長（当時）に、随行していた。長谷川さんは、日本の経済界きっての国際派で、81年から8年間、日米経済協議会（日米協）の会長を務めた。その仕事を住友化学で支えるのは、外国部長の役だ。シカゴにくる4カ月前、その外国部長になった。

2日目から始まった全体会議と六つのグループで展開された論議は、随所で、火花が散る。それを受けて、最終日の8日に出す共同声明の内容を、どうするか。全体会議については議長のスタッフ、つまり自分と米側事務局長がまとめ、各グループの分は、それぞれの座長のスタッフが書くことに決まる。
ところが、一つのグループから届いた英文の報告案が、対立色がむき出しで、あまりにも殺伐とした内容だった。そのまま出せば、財界人会議自体が、危機を迎えそうだ。

読んで、即座に言った。

「これは、だめだ。日米の経済界は友好関係をベースに、お互いに努力して、問題解決に取り組むべきだ」

本心から出たため、語気は鋭い。

日米協で事務局長などを31年間務め、「財界人会議の生き字引」とされる持田英雄さんは、そのときの光景を、忘れない。

「米倉さんは、その場でペンをとって、一気に英文を書き直した。それを、米側は、啞然としてみていました」

夕方、書き改めた内容が、全体会議に報告され、記者会見で公表される。その夜、ビジネスリーダーたちは、ようやくくつろいで、シカゴ交響楽団の野外演奏を楽しむ。終わると、グラスを持って談笑した。ボスの長谷川さんも、何事もなかったように機嫌がいい。やがて、米側の経営者が次々にやってきて、

「米倉、よくやった。あの報告はよかった」

と、ねぎらいの言葉をくれた。

「長谷川さんに、ほめられたか？」

と、尋ねる人もいた。

「いや、あの人は、人をほめない方ですから」

そう答えると、苦笑された。

帰国するとき、空港で、長谷川さんに、つい、その話をしてしまう。帰って、経団連の月報に報告を書くため、さらに2日、徹夜状態が続く。できあがって、部屋へ届けに行くと、長谷川さんが、急に起立した。

「どうも、ありがとうございます」

そう言って、頭を下げた。そんなことは、後にも先にもない。土壇場での共同声明の書き直しを、ねぎらってくれたのだ。それだけ、日米関係の悪化を心配していたのだろう。

「俺の言うことは、天の声だ」

そんな長谷川さんを、みんな、怖がっていた。でも、不思議と、自分の言うことは、よく聞いてくれた。

再び、持田さんが振り返る。

「長い日米協の歴史のなかでも、長谷川時代が、ハイライトだ。その立役者が米倉さん。理詰めで、ぐいぐいいくというよりも、一つ一つ、解決していくやり方だった。米倉さんは、長谷川さんの考えていることをよくつかんでいて、考え方も瓜二つ。『同心円』のような仕事ぶりだった」

キーワードは「みえざる手」だ。

●「例えば」にある「住友流」

37年3月31日。神戸市長田区に生まれる。というか、あとで、母の50回忌のときに親戚の人から聞いて知ったが、本当は4月生まれなのに、あまりに体が大きいので、早生まれとして届けられた、という。あのころは、まだ、そういうことがある時代だった。その結果、同級生の顔ぶれも何も、あらゆることが、がらっ、と変わる。運命は、自分では、どうにもできない。

父の平重郎さんは、祖父のゴム工場を引き継いで、自転車のタイヤなどをつくっていたが、やがて事業をやめて、工場は人に貸す。母の房さんは、4歳のときに、亡くなった。姉と妹が各1人。小学校は、祖父母の家から通う。中学に入る前から、姉と一緒に英語を習いに行く。先輩のお父さんの紹介で、日本人画家と結婚したモードさんという米国女性が、先生だ。プリントを刷って教えるやり方で、最初のテーマは「テーブルマナー」だった。よく、覚えている。

高校生のころは、

「将来は、事業をしてみたい」

と思っていた。やはり、血筋なのだろう。

「事業をやるには、世の中の仕組みがわかっていないといけない」

そう考えて、まず法律を勉強しようと、東大法学部へ進む。

60年4月。住友化学工業（現・住友化学）に入社。これからは「化学」の時代になると思って、三菱油化に決めようとしたら、父に、

「関西出身なのに、何で、三菱なんだ。住友にしろ」

と叱られて、方向を転じた。

最初の配属先は、愛媛県新居浜市にあった菊本製造所の庶務課文書班。大卒の人はいなくて、いきなり、「筆頭課員」だ。数カ月は、雑誌や専門紙を読み、大事だと思うところに赤線を引き、所長へ渡す役。あとは、電話の設置や備品の管理など。退屈し通しだった。

翌春。総務部の次長に呼ばれる。

「米倉くん、論文を書いてくれ」

そう言われて、題を聞くと、

「例えば、3製造所間の調整だ」

という。当時、新居浜地区には、新居浜、大江、菊本と製造所が三つあった。「3製造所間の調整」とは、おそらく、重複しているものを省くなど、合理化のことなのだろう。でも、次長は「例えば」と言った。では、実際には、何を書けばいいのか。どうせ書くなら、化学業界の将来像などを描いた思い切った改革案でも書きたかったが、「論文」だとも言っていた。

どうしたものか、数日間、考え込んでいると、先輩が、

「何を、悩んでいる。『例えば』という言い方は、住友流では指示であり、それを書きなさいということだ。『論文』というのも、好きなように書いていい、という意味だよ」

と教えてくれた。70ページのリポートを書き上げた。あの課はこうしたらどうか、あれはここにまとめたらどうかと、大胆に提案する。新居浜での、いい思い出となる。

その間に、米国留学が認められた。会社には、まだ留学制度はなく、申請して選ばれると、休職して行く。その代わり、学位をとる義務もなく、遊ぼうと何しようと、自由だ。

「向こうへ行ってくれれば、何か、役に立つだろう」

そんな時代だった。

子どものころ、あの米国婦人を紹介してくれた先輩のお父さんが、米国留学の経験を、いろいろ聞かせてくれていた。それで、留学が身近になり、いつのまにか、

「自分も留学するのだ」

と思い込んでいた。

「みえざる手」が、働いていた。

●3年間、開かなかったスーツケース

62年5月。米国へ渡る。コロラド大の大学院留学生向けプログラムで準備を進め、9月からノースカロライナ州のデューク大大学院で経済学を学ぶ。キャンパスは、州都ローリーの北約25キロの、ダーラムという町にあった。あの先輩のお父さんが留学したトリニティカレッジは、この大学の前身だ。

修士課程では、母国語と英語以外に「第二外国語」をとらなくてはいけなかった。仕方なく、高校や大学でかじったドイツ語に、また取り組む。試験になると、まず、何でもいいからドイツ語の本を選べと言われ、図書館で選んで持って行くと、先生が、

「何ページから何ページまで、読んできなさい」

と指示を出す。そこを読んでから、本番に入る仕組みだ。だから、先生が、

「ここは、どういう意味ですか?」

と聞くのに対し、ただ訳せばいいだけのはずだった。ところが、違った。いきなり、読んできていないところを、ぱっ、と開かれ、

「はい、これは?」

とやられた。返答に詰まり、まずいと思っていたら、何と、先生が誤訳してくれた。

「違います。この関係代名詞は、ここにかかるのではないですか」

そう指摘したら、パスした。本当は、その部分の訳は、さっぱりわからなかったのに、救われる。

「みえざる手」のお陰か。

65年9月。帰国の時期が近づく。経済学が面白くて、修士号に続き、博士号もとりたくなっていた。博士課程の資格試験にもパスして、あとは、論文を書くだけ。テーマを決め、担当の先生も決まった。3章分くらいを書いてみせると、

「いいね。このまま、続けなさい」

と言ってくれた。そこで、会社に、

「もう1年、米国に居させてほしい」

と頼む。だが、どうしても、認めてもらえない。やむなく帰国し、大阪本社の企画部外国課へ戻る。論文用の資料は、すべて、持ち帰った。69年5月にニューヨーク勤務となるとき、それを持って行く。実は、向こうで、仕上げるつもりだったのだ。でも、3年3カ月後、資料を入れたスーツケースは、一度も開けることがないまま、再び外国課へ持ち帰る。少数精鋭でこなす駐在員生活に、そんな暇が、あるはずもなかった。

ニューヨーク赴任前に結婚した妻が、そのことを、いまだに笑う。結局、担当の先生が亡くなって、博士論文はあきらめた。でも、テーマは、いまでも覚えている。

「労働組合の賃金に及ぼす影響について」

だった。

留学後、特許の取得や外国企業との合弁事業の設立を、多数、手がける。英文の契約書が、すらすらと読めるようになっていた。ある合弁計画で、米企業にふた股をかけ、どちらがいいか検討し

たときに、学者気取りで両社の長所、短所を分析して上司に出すと、
「そんな評論は、要らない。どちらにすべきかの答えを知りたいのであって、それを考えろ」
と叱られた。この会社では、上司は方針を決める役で、具体的にどうすればいいかは、若い連中が考える。若いうちは、それを、一生懸命やればいい。いくらやっても、月給や地位は上がらないけど、充実感はある。集団催眠かもしれないが、それが、社風だ。

●仕上げの日々は「とんぼ返り」

73年春。社を挙げて取り組んだシンガポール石油化学プロジェクトに加わる。プロジェクトは、71年暮れに長谷川社長（当時）が同国を訪ねたときに要請され、始まっていた。エチレンを、年間に30万トンをつくるコンビナートを計画。その建設地が、西部ジュロン地区のメルバウ島に、決まった直後だ。まだ、副課長だったが、土方武常務（現・相談役）の下で、合弁会社の出資比率から撤退の条件に至るまで、手がけていく。

75年元日。シンガポール開発局との間で、合弁事業の開始に調印する。高級ホテル「シャングリラ」で、リー・クアンユー首相や東南アジア歴訪中だった福田赳夫副総理（当時）らを招き、祝賀パーティーを開く。

ところが、ときは、第1次石油危機後の世界同時不況だった。コンビナートを立ち上げても、需

要が見込めない。投資総額は2千億円。住友化学は、その半分を出す予定だ。軌道に乗るのが遅れれば、負担は大きい。

調印後、長谷川さんに着工の稟議書を上げたが、なかなか、決裁が下りてこない。聞いてみると、

「字が汚くて読めないので、置いてある」

との返事だった。それは、嘘だ。企画書は、きちんと印字してある。

「ははあ、何かあるな?」

そう思った通り、長谷川さんは考え抜いていた。しばらくして、

「このプロジェクトは、1社では無理だ」

と切り出し、日本企業8社の名前を挙げ、「オール日本」に模様替えしての推進を指示された。77年5月。政府出資が決まり、7月に石油化学、プラント建設、商社、銀行の23社で、投資会社「日本シンガポール石油化学」(JSPC)を設立する。シンガポール政府と折半出資で、エチレンセンターの「PCS」も創立。進出の形が、ようやく整った。

だが、これで、難題がなくなったわけではない。むしろ、ここから、出番が増えた。メルバウ島でできるエチレンを利用した事業への進出を、内外の企業に呼びかける役だ。国内は不況、海外でも台湾や韓国に大型設備がつくられ、どこも、シンガポール進出に消極的だった。世界中の主要企業の幹部を、何とか口説いては、現地を案内した。

日本航空が、少し前に、羽田から直行便を飛ばし始めた。でも、戻りは夜行便。現地で話を詰め

て、夜遅く空港に駆けつけ、朝一番で帰国して、社内で報告する。

そんな、とんぼ返りの日々が続く。79年5月に米フィリップス石油の参加が確定。これが、誘致の総仕上げだった。

84年2月18日、「オイルイン」と呼ばれる操業開始に、こぎつける。メルバウ島には、いま、77社が出ている。増設も続き、米ヒューストン、オランダ・ロッテルダムに次ぐ世界3位のエチレン基地となった。

日米財界人会議への出張や準備は、実は、そんな多忙な日々が続くなかで、重ねた。

●「紅い砂漠」と満天の星

91年3月。取締役・有機事業部長になる。初の営業部門だ。翌92年3月には、基礎化学品管理室長になる。これも営業。社長だった香西昭夫さん（現・相談役）は、

「米倉君は、住友化学をグローバルカンパニーにした長谷川さんの秘蔵っ子。外国からの客の接遇では、奥さんもかり出され、大変だった。ただ、正直言って、甲南高校、東大法学部と自分の後輩で、登用しにくい面もあった。企画部時代は強面で、女性陣に聞くと、『米倉さんが部屋にいるときは、お昼になっても、食事に出ていけない』と怖がっていたので、取締役にしたときに営業を2年やらせてみた。そこで、どんな仕事でも、誰よりもできることが、社内に立証できた」

と打ち明ける。トップの座へのテストは、自分の知らないところで、されていた。

00年6月。社長に就任する。内定の記者会見で、香西さんが、

「エースの登板です」

と、紹介してくれた。

00年11月。三井化学と03年10月をめどに経営を統合・合併し、持ち株会社「三井住友化学」を設立する、と発表する。だが、残念ながら、統合比率などを巡って、対立が解けない。03年3月31日、ついに取締役会で中止を決議して、テレビ会議システムを使って全社の部長に説明した。全社員にも、メッセージを配る。社内に、

「惜しいな」

の声が出た。でも、退くも進むも、決めたら、きっぱりとやる。次は、前進だ。

04年4月4日。秘かに、サウジアラビアの中央部にある、最新のシャイバー油田を訪ねる。国営石油会社サウジ・アラムコの本社がある東部のダーランから、専用機で飛ぶ。夕暮れを迎え、あたり一面、「紅い砂漠」に変わる。陽が落ちると、満天の星だ。同行してくれた面々と、車座になり、搾りたてのラクダの乳で祝杯を上げ、星を見上げた。

ここまで、「みえざる手」に連れてこられた――独り、そう思う。

●67歳と67歳の縁

数日前の取締役会で、アラムコと2社で、投資額4700億円に上る合弁事業を、紅海沿岸のラービグでやる、と決めた。そのラービグも訪ねた。関西新空港からドバイ経由で1泊2日。強行軍だったが、心は、弾んだ。アラムコが、豊富な埋蔵石油から原油を安く供給し、住友化学が技術を提供、アジアでの販売力を生かす。国際競争力は十分で、高い収益が期待できる。サウジの産業育成や雇用拡大にも、貢献する。

中東からは、それまでにも、いくつかプロジェクトの打診があった。アラムコの件は、03年の初め、米国の投資顧問会社から持ち込まれた。後でわかったが、合弁相手の候補に世界中から35社をリストアップし、そのうちの17社と面談や現地調査に入った、という。米国とサウジの企業、そして住友化学の3社に絞られて、交渉が始まった。

ただ、イラクを始め、中東情勢は大きく揺れ、テロが続いている。経済性に問題はなくても、地政学的なリスクがある。当然、社内も、意見が分かれた。すぐに、情報の収集を指示する。米国防総省の情報に強いところなど、米英の調査会社3社と情報通10人から、データや分析結果を集めた。マイナス情報があれば、一つ一つ、確認させる。中堅社員2人に、専従で3カ月間、アラブやイスラムの文献を、多数読ませた。

香西会長（当時）にも、繰り返し、

「リスクを、よく、考えたか」

と言われた。でも、調査会社は、決して、「大丈夫」とはいわない。

「Ｍａｎａｇｅａｂｌｅ」

つまり、管理は可能、までが答えだった。あとは、こちらの判断だ。決めた。事業内容や資金計画などを固め、05年中に新工場に着工し、08年の7～9月に完成させる。エチレンを年間約１３０万トン、プロピレンを約90万トン。規模は、いまのシンガポールの2倍にもなる。ラービグ計画準備室の原誠部長が、説明する。

「今後の事業化調査の1年余りが平穏であれば、着工した後は、何かあっても保険が使える。完成する08年までを、すべて予見することは無理。でも、米倉さんは、直感で決めたわけではない。勉強するだけ勉強したら、どこかで腹をくくる。決断力だ」

５月９日。ダーランを再び訪れ、正式に調印した。シンガポールで調印した75年1月1日、社長だった長谷川さんは67歳だ。アラムコと調印したとき、自分も67歳。

やはり、「みえざる手」を感じた。

米倉さんの「Ａｇａｉｎ」

04年7月6日。シンガポールで、合弁会社ＰＣＳの取締役会があった。4日の日曜日に台北で病床の知人を見舞い、5日早朝、台北からシンガポールへ飛ぶ。午後2時、ホテル「シャングリラ」で昼食をとる。73年秋に初めてシンガポールにきて以来、訪問は１００回を超えた。来るたびに、「きれいな街だ。アジアのオアシスだな」

と感心する。91年以降は「シャングリラ」に泊まっている。今回で、23回目だそうだ。

●大きな画面に「Ｗｅｌｃｏｍｅ」

昼食後、「Ａｇａｉｎ」で、ジュロン地区へ向かう。車で約30分。日本企業も進出している電子工業団地を過ぎて、警察隊が銃を構えて並ぶ島へのゲートに着く。「9・11」以来、警備が強化されている。メルバウ島への橋は、6〜7年前にできた。それまではフェリーに乗り、海風が、気持ちよかった。

あのころは、沖にいくつか島があり、メルバウ島には住民が１００人ほどいた。立ち退き交渉が大変かと思ったら、彼らは「Ｓｅａ Ｇｙｐｓｙ」と呼ばれ、移住しながら漁業をする人々だった。政府が移転用のアパートをつくったが、しばらくすると、出ていったらしい。

車が、ＰＣＳの事務所前で停まる。玄関に入ると、右手の壁に、写真が3枚かかっていた。1枚に、リー・クアンユーさんや福田元首相と一緒に、長谷川さんが並んでいる。あの、調印パーティーの光景だ。両国の要人が顔をそろえ、大いに盛り上がったことが、目に浮かぶ。でも、その後、プロジェクトは難航する。

80年に着工し、完成は83年。調印から、実に、8年もかかった。

建設のピーク時には、日本から、200人くらいが来ていた。街には、当初、中国系のナイトクラブしかなかったが、76年に日本人バーができた。くつろぎは、カラオケで歌うほか、マレーシアに車で30分、対岸のインドネシアのビンタン島へ船で20分、出かけていって、ゴルフを楽しむくらい。でも、第2期工事のときは、さまざまな蓄積があるから、滞在したのは50~60人ですんだ。

今度のサウジでも、ピーク時で100人、ふだんは50~60人も行けば、いいだろう。そんなことが、頭の中を駆けめぐる。

事務所を出て、エチレンの精製プラントへ向かう。島がいくつか埋め立てでつながり、どこまで行っても、工場が続く。97年に稼働したPCS2の前から、さらに計器室へ向かう。中央制御ルームに入ると、360度、ぐるっ、とモニター画面やメーター類が並ぶ。それに向かって、10人前後が輪になって座っている。一角の頭上に、大きな画面が二つ。その一つに、

「A Warm Welcome to Mr. H. Yonekura, President of Sumitomo Chemical Co. Ltd.」

とある。ここへ来るのは、まだ3度目。でも、温かく迎えてくれた。

●必死で通った赤道直下の丘

工場で、最も気になるのは事故。計器室の役割は重要だ。プラントの操業では、いろいろセンサーが付いた「DCS」という自動制御システムで、何か異常があったときに、いちいち設備の中をみに行かなくても開閉できるようになった。それで、人身事故は激減した。ただ、下請け企業の年配者には、体力や集中力が不足する人もいて、年に1回くらいは事故が起きてしまう。事故の発生など、マイナスの情報が素早く入り、的確な対応ができるようにするには、組織内の「風通しのよさ」が大事だ。

4日前に、工場長が、初めて地元の人になった。20年前、操業時に入った生え抜きだ。きっと、「風通し」がいちだんと、よくなることだろう。うれしい。

「サウジでも、生え抜きが育ってほしい」

そう思いを馳せたとき、ぱっ、と浮かんだことがある。あの合併の断念だ。

「うちの会社は、運がいいな」

負け惜しみではなく、そう思う。三井化学との合併があのまま進んでいたら、設備の集約や人員削減などに多額の資金が必要で、サウジとの合弁事業などできなかっただろう。身軽だったことが、幸いした。

しかも、石化製品は市況が回復し、中国の需要増を考えると、世界的に供給不足だ。でも、高い原料を買ってきて、日本で加工するというやり方では、国際競争をしのぐにはきつい。サウジの合弁事業には、大いに、期待ができる。

メルバウ島には約1時間。何度も来ているところだが、いつも、確認をしてくれる。

「正攻法こそが、大事なのだ」

帰りの警備のチェックは、簡単だった。ゲートを出て、そのまま、ジュロンの丘に登る。途中、有名なバードパークがある。頂上近くで降りて、いま出てきた島が眺望できるところへ歩く。赤道のわずかに北、ほぼ直下に立つ。

「70年代の後半、誘導品をつくる企業を呼び込むのに、必死でした。島のどこに何があるか説明するには、必ず、この丘の上に連れてきた。それが、全部、実った。最後にフィリップス石油の案件も決まり、プロジェクトから抜けました」

メルバウ島へ向けた目が、一瞬、光る。思えば、この「丘の上」は、試練と幸運の場所だった。ここに立つたびに、「みえざる手」を感じる。

シンガポールには、100回以上訪れた。１年中、暑い。
以前より体重は増えたが、苦にしない

留学で身元引受人となってくれた
「米国の母」も、04年春に亡くな
った

経営でも日常生活でも正攻法が好きで、最も重視するのは「公平と公正」。「トップは、とくに無私であれ」と繰り返す。米国留学で英語の会話や速読、リポート書きなどを鍛えられた。就寝前、時間があれば、好きなブランデーを手に、英語の推理小説やスパイ小説を開く。

ないと、「こういうことをやりたい」と思っても、チャンスを与えてもらえない。

　だから、「やりたいことをやらせてくれない」と文句を言うよりも、仕事の合間合間にちょっとでも足がかりになるようなことをみつけて、それを身につけていく。言い換えれば、辛抱強く自分の夢を追いかける。遠回りのように思うかもしれないが、結局は、それが早道だ。一直線であろうと、回り道であろうと、何しろしつこく、そういう道を歩いて行く。そうしないといけないのに、いまの若い人たちには追いかける動作が欠けている。

　私は、大学生になるときに「法律も経済もすべてよくわかるビジネスマンになりたい。それも、英語もしゃべれて、文化度も高い人になりたい」との思いがあった。入社して、留学のチャンスがあるとわかり、そういう人間になるために、行きたくてしょうがないところまで自分を駆り立てた。夢を追いかけるにあたって、知らず知らずの間に、実現のためにいろんなことをやっている。それを、本文では「みえざる手」と表現されている。

　大切なのは、そういう夢を忘れないで追いかけなさい、ということだ。会社生活30年余り、あくせくしなくても、素養と夢を追う意欲があれば、それが運をも引き寄せる。

　もう一つ、付け加えたい。若いころ、入社試験の面接官を何度かしたが、受験者に「来い、来い」とは、絶対に言わなかった。「結婚と就職は、人にとって最も重要なことだから、それは自分で決めなさい。ただし、うちの会社はすごく教育熱心で、教育の機会をいっぱい与えてくれる。留学もさせるし、いろんなことを勉強しなくてはいけない。でも、そこで力をつければ、いまみたいな終身雇用ではなく、いずれアメリカのように世の中が変わっても、自分の好きな仕事がまだできる機会が持てますよ」と話した。それを3～4年続けたら、人事部に「もう、結構です」と面接官からはずされた。でも、いまでも、若い人たちには、同じことを言いたい。

若きビジネスパーソンへのメッセージ⑧

夢の実現に向け、まず力をつけよ。遠回りのようでも早道だ！

住友化学社長　米倉弘昌

会社生活の中で一番重要なことは、昇進のために何かをやるのではなくて、自分の実力をつけるためにやるということだ。

よく「専門性を持て」と言われるせいか、若い人たちは各種の資格やＭＢＡ（経営学修士号）の取得などに関心が高いようだが、仕事で必要ならともかく、それよりもいろいろな人と付き合い、勉強するにしてもセミナーへ出て新しい考え方や違った考え方に触れることが、すごく重要だ。機会があったら、そいう場へ進んで「出たい」と言うべきだ。上司も、できるだけ出させてあげたらいい。

専門性も、技術系と事務系では違うし、事務系でもスペシャリストとゼネラリストがある。どちらがいいかは、自分がどういうキャリアや実力を持ちたいかにかかわる。スペシャリストと言っても、社内でのスペシャリストではつまらない。業界で認められる、あるいは日本で、世界で認められるスペシャリストになってほしい。そういう夢を持ってほしい。では、ゼネラリストは何かというと、会社の経営に関与してみたいのであれば、技術や経理の計算、社会事情なども知らなくてはいけないし、いろいろ勉強が欠かせない。多様な人とのネットワークも必要だ。

ところが、いまの若い人たちは、自分の欲望と能力が、すごくアンバランスだ。能力がまだ育っていないのにもかかわらず、欲望だけは強くて「こんなのは、つまらない」と言う。では、望むところでちゃんと仕事ができるかというと、みんなから認められるほどのことはできない。それで、辞めていくような人も多い。どうも、甘やかされて育ってきたのではないかと思う。辛抱ができない。家庭の教育ができていないのではないか。一人っ子が増えて、甘やかしてもいるようだ。

この本で、多くの方も言っているが、ビジネス社会へ入ったら、まず、自分が何になりたいのか、どういう人間になりたいかがあって、そのためには何が必要で、どういうことを勉強しなくてはいけないかを、真剣に考えることが必要だ。それと、いまのポジションで、ちゃんと仕事をしていくことだ。常に、一つ上の地位であればどうするかを考えて、上司と議論しろ。そうで

『1と$\frac{1}{15}$と』

岡村正

おかむら・ただし（66）

東芝社長

1938年、東京都中野区生まれ。東大法学部卒。62年４月に東京芝浦電気（現・東芝）に入社。米国留学をはさんで、ずっと本社勤務。計測機器部門に長くいた後は、主として企画部門を歩む。94年取締役。常務などを経て00年に社長。04年11月から東京商工会議所の副会頭。

業界トップになって、安心していると、すぐに抜き去られる。
それほど、エレクトロニクスの世界は、変化が速い。
「総合電機」などといって手を広げていては、置いていかれる。
事業の再編を進めたリーダーは、いま、「個」の力の結集に賭ける。

つらい思いをさせた「社員」たちの心の傷は、「勝ち試合」ができることで、癒やせただろうか。
いまでも、特別な思いが残る。それを、ずっと、十字架にしていく。

●強いところで戦ってこそ「自己実現」

1998年11月4日。東京・芝浦の東芝本社で、西室泰三社長（現・会長）が記者会見を開き、国内向け現金自動出入機（ATM）などの事業を、約70億円で沖電気工業へ売却する、と発表する。沖電気の篠塚勝正社長も同席し、これで国内シェアがトップに立つことを、笑顔で説明した。

だが、自分は、笑顔が出ない。

事業譲渡の、担当常務だった。

売却は99年4月。それに伴って、営業の部隊や保守などの子会社3社から、300人余りが沖電気へ出向する。3年後に、そのまま沖に残るか、東芝へ戻るか、選んでもらう予定だ。だが、戻ってきても、蓄積した技術や知識を生かせる場は、ごく限られている。笑えるはずがない。

部下たちが、一人一人に会って、沖電気で頑張るように説得する。だが、予想通り、強い抵抗に遭う。

「自分は、東芝に入ったので、ATM事業に入ったわけではない。たまたま、ここにいただけだ。それなのに、どうして、別の会社へ行かなくてはいけないのだ」

そうだろう。みんな、東芝が好きで、働いている。それは、よく、わかる。東芝が、事業をグループ以外に譲るのは、初めてだ。誰も、考えもしなかったことだろう。でも、これは、もう1年近く検討した「結論」だ。企業である以上、いくら技術があるからといって、すべてを手がければいいわけではない。売れるめどがないものは、やはり、続けてはいけない。「非連続の経営」に踏み出さなくては、いけない。

売却する事業は、年商で約２００億円。国内シェアは10％台で、業界の５～６位にすぎず、毎年、約20億円も赤字を出している。しかも、北海道拓殖銀行を皮切りに、金融破綻が広がっている。金融界の再編は、さらに進み、ＡＴＭなどの事業のパイは、小さくなっていくだろう。

部下たちも、何とか事業を残したいと、考えてくれた。事業を製造子会社に移して合理化を図るとか、現金処理機は残して採算の悪いＡＴＭ部門だけ売るとか、いろいろ検討もした。だが、いくら計画を練り直しても、黒字化のめどが、立たない。

一方、沖電気のＡＴＭ部門は、年商が約６００億円。シェアは30％もある。東芝の分が加われば、首位を争う富士通を離して、トップに立つ。せっかくトップのところへ行くならば、そこの人間になりきって戦うほうがいい。身につけた技術や知識を無にしては、もったいない。3年後に東芝へ戻り、ほかの分野で一から始めるよりも、幸せではないか。これは、信念というか、

「そこに働いている人にとって、何が一番、幸せか」

それを、真剣に考えて到達した答えだ。だから、自らも説得に出て、こう説いた。

「あなたの蓄積を生かしましょう。さくら銀行（現・三井住友銀行）など、いままでの顧客も一緒に沖へ渡すから、仕事が大きく変わるわけではない。強いところへ行って勝ってこそ、自己実現が図れます」

当時の部下で、説得役の中心だった佐藤芳明さん（現・執行役専務）が、覚えている。

「岡村さんは、大好きな言葉である『自己実現』を、何度も口にしていました」

約4カ月。大方の人から、出向の了解を得た。3年後、3分の2が、沖電気に残る。

衛星事業を外に出し、NECとの共同事業に踏み切ったのも、自分の仕事だ。日本で衛星の本体をつくっているのは、東芝とNEC、三菱電機の3社。どこも、宇宙開発事業団のプロジェクトだけを手がけ、国の予算を3社で分けている形で来た。だが、いまや、予算はよくて横ばい、悪くすれば、減っていく。そういう状態で、はたして、3社も存続できるのか。それを考えたとき、

「やはり、2社になるしかない」

と結論を出す。いろいろな面での「相性」を考えて、NECをパートナーに選ぶ。NECのほうが事業規模が大きかったため、出資の比率は4対6。それに応じて、新会社への人員の転籍も、進める。これも、

「働く人にとって、そのほうが、幸せだ」

との考えから、決めた。ATM事業のときと、同じだ。

キーワードは「勝利の味」だ。

●「孫子」を学ぶ父に反発

38年7月26日。東京都中野区に生まれる。父は誠之さん、母はマスヱさん。5歳上の兄が1人いる。父は職業軍人で、自分が5歳のときに、参謀本部から中国北辺の非戦闘地域へ出征した。父は何も言わなかったが、後になって人づてに聞けば、軍部の中で対立があり、非戦闘地域へ行ったのは、不本意な赴任だったようだ。留守家族は、すぐに静岡市へ疎開。そこで小学校に入るが、戦災に遭い、父の実家の和歌山へ移って、終戦を迎える。父は、ずっと、音信不通で、母は、もう、あきらめている様子だった。

46年3月。突然、京都府の舞鶴から、

「アスカエル」

と電報が届く。のちに、父が、ぽつりぽつり、と話してくれたところによると、終戦後、ロシア兵に追われたが、南へ逃げる蔣介石が列車1両を父の連隊に提供してくれ、上海まで行って、船で舞鶴へ帰還したらしい。

3年生の1学期に東京へ移る。練馬区立の大泉小学校へ落ち着く。この間、「いじめ」も経験し、友だちもできない。小学校時代が長く感じ、早く卒業したくて仕方がなかった。

父は、しばらく、連隊の部下だった人が扱っていたガリ版の原紙を、行商した。でも、体が弱く、ときどき休むと、母が代わりに働きに出る。着物も売り、生活は、かなり苦しかったようだ。でも、母は、子どもたちに、暗い思いをさせなかった。その気丈さには、ただただ、頭が下がる。

行商の合間に、父は「孫子」を学び、「個」と「全体」の調和について、若い人たちと勉強会をやっていた。小柄で、物静か。古武士のような雰囲気を、忘れてはいない。でも、自分たちが学校で受ける戦後の教育は、「個」の権利の尊重ばかり。だから、父が言う「全体」という言葉に、妙な抵抗感が湧き、よそよそしくしていた。母は89歳まで長生きしてくれたが、父は69歳で亡くなった。いま、もっと親孝行をしておけばよかったと、つくづく、思う。最近、せめてもと思い、家に残っている父の書いたものを、読んでいる。あるところには、

「孫子の兵法は、諸刃の刃。悪党が戦争に使うと、凶器になる」

とあった。

中学は学芸大学付属大泉中学校。できたばかりの学校で、先生も若く、自由な校風だった。都立戸山高校へ進んだころには、父も、ようやく、銀行の独身寮の世話役に職を得ていた。

●「こうやれば、勝てるのか」

58年4月。東大へ進むと、体育会のラグビー部に入る。同期の部員は19人。多い年だ。身長177センチ、体重75キロ。当時としては大きいほうで、フォワード2列目の右ロック（5番）となる。

スクラムの攻防の鍵をにぎり、ラインアウトでボールを取る役だ。東大は、早稲田、明治、慶応がそろう対抗戦グループに属し、1年のときは応援だけ。リーグ戦では、1勝もできない。

2年でレギュラーになると、キャプテンの町井徹郎さん（日本ラグビーフットボール協会会長）が、驚くような指示を出す。

「今年のリーグ戦は、3勝を狙う。9戦するうち、専修大、防衛大、成蹊大に勝とう。あとは、負けていい」

町井さんたちの学年は、実は3年を終わるまで、リーグで1勝もできずにいた。わずかに、京大との定期戦に勝っただけ。高校でラグビーをやった経験のある部員が少なくて、弱かった。チームには、「負けぐせ」が染み込み始めていた。それを消すために、勝ちうる相手を3校選び、どういう戦い方をすればいいか、徹底的に研究する。

キャプテンは、一人一人に、

「お前は、こういう役目を持て」

と指示した。それを、猛練習で繰り返す。

「相手に、体力で負けるな」

ともハッパをかけられ、走力と接近戦で、1対1で負けないように鍛え抜く。まだ、ジムなどはない時代だ。東京・人形町にあったプロレスラー力道山の道場へ行き、鍛錬器具をみて、ＯＢの会社でベンチプレスなどをつくってもらう。ほかの大学では、まだ、そこまでは、していない。グラウンドの片隅に照明具をつけてもらい、夜も、タックルマシンで練習する。夏の山中湖での合宿は、練習が終わると、這《は》って帰るほど、厳しかった。

すべてを、選んだ「3試合」に集中する。けがをしたレギュラー選手は、ほかの試合には、無理して出さない。結果は9戦3勝。狙った3戦を、すべて勝つ。

「こうやれば、勝てるのか」

このときに、「勝ち方」らしきものを、つかむ。3年のときは、練習中に太股の筋肉を断裂。リーグ戦は、12月の最終戦にしか出られない。でも、4年は2勝6敗1引分け。「勝利の味」を知った力が、表れる。

62年4月。東京芝浦電気（現・東芝）に就職。当時の日本経済の勢いを、電機業界に感じていた。でも、電機メーカーは、たくさんある。東芝を選んだのは、一つは、業界で2〜3番手というのが、気に入った。

トップ企業は「勝ち慣れ」し、より強くなることよりも、守りの戦いになりがちだ。下位になると、「負けぐせ」がつき、勝ち方がわからなくなって、攻めを見失う。やはり、緊張があり、勝つ楽しさを味わうには、2〜3番手がいい。書生っぽいけど、そんな気持ちが、非常に強かった。もう一つ、2年先に入っていた町井さんの、

「東芝で、一緒にラグビーをやろう」

との誘いにも、ひかれた。

入社すると、設立3年目の計測事業部に配属される。同期入社600人のうち、44人も一緒だった。上司に聞くと、理由は、

「新事業部を育てるためだ」

という。遊び仲間がほしくて、会社の寮に入る。身なりにはかまわず、ふだんは、よれよれの服を着ていた。だから、ときどき日暮里の実家に帰り、母がアイロンをかけてくれた服できちんとして社に出ると、

「夕べ、お母さんのところへ帰っただろう」

と、すぐばれた。

●笑われた「ブロックサイン」

計測事業部には、米国留学を挟んで16年。計器類を一つの盤に納め、生産ラインの異常を知らせて止めたり、センサーでガスなどを分析したり。そういうシステムの営業にいた。ただ、アナログ時代の計測機器は、横河電機、北辰電機、山武ハネウエルが「御三家」。後発の東芝はなかなか食い込めず、赤字が続く。一方、東芝の「本流」は、重電、家電、コンピュータ。お客さんたちに、

「東芝の計測機器など、聞いたことがない。お前、本当に東芝日曜劇場の東芝か?」

と言われた。テレビ番組よりも、知名度がない。悔しい。飛び込みで、遮二無二、客を開拓する。

官公庁担当のときは、上下水道の制御システムや大気汚染の監視装置が多かった。ほかに、東京・築地の青果市場に競り値の即時表示システムを売り込み、国立競技場にはトラック競技のペースメーカー用の電光表示板を納めた。

数年後、事業部は黒字になる。さらに、大きなチャンスが来た。デジタル化だ。アナログで地歩を築いた企業は、いずれはデジタルへ移行するとわかっていても、自分からは変えたくない。だから、動かない。東芝が、デジタル化の先頭を切る。

75年夏。マイクロコンピュータが載ったデジタルの計測・制御システムを発売。ガス、鉄鋼、製紙などの大企業が、次々に導入した。難攻不落にみえる既存の序列も、先端技術の前には、いとも簡単に崩れる。それを、痛感する。「勝利の味」を楽しむための、勝ち方も知る。

この間に、大きな衝撃もあった。ラグビーだ。東芝に入ってからも、プレーを続けていた。入社後2年間は「オール東芝」に参加。2年たって、せっかく強くなってきたところで、業績悪化のために廃部となる。その後は、工場ごとにあった同好会のようなチームの練習や試合に、参加した。

74年春、ある大学と、試合をした。相手をみて、

「受験ボケになっている1年生を、片手で吹っ飛ばしてやろう」

と思い、追いすがろうとする相手を、ハンドオフで突き飛ばそうとした。だが、自分のほうが、飛ばされた。

「これは、もう、だめだ」

そう思い、35歳で見切りをつける。

3年前にも予兆があった。練習で、手をスパイクで踏まれたときに、指の骨が折れる。

「こんなことくらいで、折れるはずはないのにな……」

現役引退が、頭に、ちらつき始めていた。

職場では、新人のころから、野球チームに入っていた。時間のやりくりをして、できるだけ、顔を出す。つき合いがいいほうで、ゴルフや水泳、スキーなどにも行った。誘われれば、よほどのことがない限り、断らない。そんなせいか、先輩の女性たちが「岡ちゃん」と呼んで、可愛がってくれた。

当時のことで、同期入社で一緒に配属された小泉鐵夫さんが、覚えていることがある。

「岡村は、音楽も好きで、クラリネットを吹いていたが、ウクレレも持っていた。あるとき、そのウクレレを私にくれたのだが、よくみると、割れかけていた。でも、本人は、全く、気になどしていない。本当に、ゆったりした性格の持ち主だったね」

そう、そんな性格なのだ。だから、友人たちに、よく、「岡村のブロックサイン」などと笑われもした。何かというと、電車を降りるとき、必ず切符がみつからず、あちこちのポケットを捜すことになる。その仕種から、そう、からかわれる。小泉さんには、電車に乗るときに、「どこに入れたか、教えておけ。代わりに、覚えておいてやる」とまで、言われた。

●「ふむふむ」と聞いて、ドン、と出す

米国留学は、71年9月から約1年半。ウィスコンシン州立大で、「生産財のマーケティング」を学び、経営学修士号（ＭＢＡ）を取得した。その間にも、例の性格が顔を出す。

休暇を利用して、妻と娘を連れて、３人で旅に出た。大学があるマディソンから車で南下。国境を越え、メキシコ市まで４５００キロをドライブする。片道1週間。毎日、楽しかった。メキシコには、医師だった伯父と8人の子どもたちのファミリーが、計60人いた。大歓迎される。と同時に、

「メキシコには山賊もいるのに、車で日夜、走ってくるなんて、何と無謀な」

と、驚かれる。考えてみれば、その通り。帰国してから、その話をすると、みんな、

「岡村らしいな」

と、あきれた。

75年。ラグビーチーム「東芝府中」が結成され、11年ぶりに、公式戦に復帰した。

78年。計測事業部の業務部長職となり、事業部全体の計画を練る役となる。同期の小泉さんには、それから7年続いた「岡村業務部長」の姿が、強く印象に残る。

「岡村には、組織の総力を結集していく不思議な力があった。みんなの話を『ふむふむ』と聞いていて、最後に、ドン、と自分の意見を出す。それも、それまで議論していたA案とB案を足して2

で割るのではなく、全く別のC案を切り出す。何回も『また、やりやがったな』と思ったが、でも、それに決まる。憎めない人柄だから、みんながまとまった。自然な求心力だったね」

勝つために必要な「総力戦」志向と、思い切った「決め手」の選択。ラグビー部時代に求められ続けたことが、いつのまにか、そういう自分をつくってくれていたのかもしれない。「個」をまとめて「全体」とする。それで、商戦を勝ち抜く。そして、みんなに「勝利の味」を教える。

87年7月。コンピュータ、計測・制御、重電のシステム部門を統合し、情報処理・制御システム事業本部ができた。それぞれ、単独では顧客ニーズに対応しきれなくなったためで、社内で「新大陸」と呼んだ重要な新組織。いまの「ソリューションビジネス」の先駆けだ。その事業本部長の右腕となり、全体の戦略を練る業務部長になる。コンピュータや重電の2大分野の面々を差しおいて、抜擢された。全社が、驚く。計測事業の業務部でみせた「個」の結集力が、買われた。

2000年6月。社長に就任。聖域なしに「選択と集中」に拍車をかける。半導体では、汎用のメモリー「DRAM」から撤退。米国工場を売却し、デジタルカメラや携帯電話向けの需要が増えるフラッシュメモリーなどに、特化した。液晶やブラウン管では、長年のライバルである松下電器産業と、事業統合に踏み切る。三菱電機とは、大型モーターで合弁会社を設立し、電力の送配電システムでも事業を統合した。

いずれも、面子やしがらみを捨て、「勝利の味」に近づくための決断だ。その成果が出始めて、04年3月期の営業利益は1746億円まで回復する。ただ、その8割以上は、市況が回復した半導体部門のおかげだ。低価格競争に出遅れたパソコンが不振で、デジタル部門は200億円強の赤字だった。まだ、立て直しは、終わっていない。

●プロは勝ってこそ和ができる

03年春。社内に、一つのプロジェクトを立ち上げる。130年前に、東芝の前身である「田中製作所」を設立した、田中久重という人がいる。この人が、どういう思いから会社を興し、その後経営に受け継がれてきたものは何なのか。それを、東芝の将来を支える若い社員15〜16人に、半年くらい、研究してもらう。

「どうも、最近、東芝というものが何なのか、社内がわからなくなっている。東芝らしさというのは、いったい何なのか、忘れかけている」

そんな思いから、始めた。そして、その報告に照らし合わせ、いまの自分たちはどうなのか、いまの東芝はどうかを、見直す。

「ぜひ、社内のみんなに、みてほしい」

若手たちが、そう言うので、報告をDVDにして、全社に配った。「勝利の味」につながると、いい。

04年3月21日。東京・国立競技場で、ラグビー日本選手権の決勝が行われ、東芝府中が22対10で神戸製鋼に勝つ。5年ぶりの日本一だ。試合後、ロッカールームへ行き、薫田《くんだ》真広監督と選手に、とっておきの言葉を贈る。

「和して勝つではなくて、勝ちて和すだ」

かつて、プロ野球で西鉄ライオンズを率いて、日本一になった三原脩監督の言葉だ。要は、チームが仲良くやれば勝てるのは、アマチュアの世界。プロは、勝ってこそ和ができる、ということだ。

なるほど、と思い、印象に残っていた。それを口にして、説明する。

やっぱり、勝負に臨む者は、勝たねばだめだ。町井先輩も、いつも、

「スポーツは、勝たなきゃ、いかん。試合に『楽しんでこいよ』などと送り出すのは、おかしい」

と繰り返していた。仕事の世界も同じだ。勝つ形を経験しないことには、チームワークは出てこない。でも、いったん勝てば、チームワークは強まる。そのことも、勝って、初めてわかる。

東芝府中も、「勝利の味」を知って、次も勝ち抜いてほしい。

それは、自分にも、言い聞かせる言葉だ。

岡村さんの「Ａｇａｉｎ」

04年7月12日の朝8時すぎ。東京都府中市の東芝府中事業所のグラウンド。日本一になったチームの本拠地に、「Ａｇａｉｎ」でやってきた。東芝最大の工場で、発電用制御機や電車などをつくっている。ピーク時には1万3千人いたが、いまは８８００人に減った。ラグビー部員は42人。大

卒が多く、平均26～27歳。ふだんは夕方から2～3時間、練習するが、夏は暑くて体力を消耗するから、あまりやらない。

●遊びでやっては、つまらない

グラウンドの手前に、クラブハウスがある。97年2月11日、日本選手権の決勝で明治大学を大差で下し、初優勝を遂げた。そのご褒美に、できた。それから3連覇して、「黄金時代」と言われた。当時の写真が、玄関ホールに飾ってある。

薫田監督が、出迎えてくれた。初優勝のときに、フォワード最前列中央のフッカー（2番）で、3トライも上げた。「走れるフッカー」と呼ばれた男だ。この3月、監督2年目で、5年ぶりに日本一にしてくれた。

その決勝戦の開始5分前、監督にロッカールームへ呼ばれた。

「同じラグビーマンとして、選手に、ひと声かけてほしい」

社長がそんな場へ顔を出すのは、おそらく、初めてだ。行くと、みんな、気持ちを高めるために、いろいろなことをしている。こちらも興奮して、大声で激励した。選手たちの覇気に、乗せられる。その後、選手が輪になって、ビデオを見始めた。約2分。先発する15人、1人ずつの「ベストプレー」だ。それで試合のイメージをつくり、檻から放たれたライオンのように、決戦場へ出た。

経営は、戦いを80分間で区切られるラグビーのようには、いかない。でも、「ベストプレー」のように、映像で、社内を刺激することはできる。あの、東芝をもう一度見直すためのDVDをつくったのは、正解だ。

クラブハウスから、グラウンドへ出る。芝生だ。自分たちの時代は土のグラウンドで、雨が降ると、どろんこになった。いまの時代は、何でも、恵まれている。芝生の中央まで行くと、部の世話役が、ボールをくれた。昔の茶色の硬い革製と違って、弾力性のあるゴム製だ。薫田監督とパスをする。軽い。でも、自分のパスは「おじぎ」をしてしまう。37歳の監督のは、ぐっ、と浮き上がってくる。

35歳でプレーをやめて以来、ボールを持って走ったことはない。でも、グラウンドに立つと、むずむず、する。「勝利の味」は、スタンドからの応援では、物足りない。ただ、もう、筋力が現役の選手とは、全く違う。同じころにやめた人とやるならいいが、選手をやめてもずっとプレーを続けている人とは、とても無理だ。迷惑をかけるし、きっと、あのときのように、飛ばされてしまう。ラグビーは、そんなに甘くない。それに、遊びでやっては、つまらない。

●難しい「個」と「全体」のバランス

目を上げると、スタンドに「東芝府中」のチーム・キャラクターである「ブレーブ・ルーパス」の絵が、大きく描かれている。ルーパスとは、ギリシャ語で星の「狼座」だ。スクラムを組むときに使う「パック」とは、その狼が、集団で獲物を襲う手法のことだ。

ここの狼の集団は、「勝利の味」を知り、来シーズンにつなげてくれるだろう。われわれの事業も、そうでありたい――。

芝に、座ってみた。柔らかい。ひんやりとした土とは、違う。話題が、最近、若い選手がトライをした後に、ガッツポーズをすることになった。喜びを目いっぱい表すサッカー選手の影響かもしれないが、昔は、そんなことをしたら、怒られた。淡々と戻ってくるのが、当たり前。でも、時代だろう。OBには怒る人が多いが、喜びを素直に示すのも、「勝利の味」の一つの表現だ。でも、いまでも「自分が取ったトライ」ではなく、「全員で取ったトライ」だという気持ちは、みんなにあると思う。そう、思いたい。

グラウンドに立つと、

「One for all、all for one」

という言葉を思い出す。各々は、1人の選手であり、チームの15分の1でもある。「個」と「全体」のバランスは、本当に難しい。それを、経営でも、求め続けている。

ふと、ATM部門をはじめ、撤退や他社と統合した事業分野にいて、心ならず東芝を離れた人々のことが浮かぶ。みんな、「勝利」を手にして、味わってくれただろうか。勝ち方を、身につけてくれただろうか。

昔より、なぜか遠くみえるゴールポストをみると、そんな思いがよぎる。みんな、がんばってほしい。

人生には「ノーサイド」はない。

◇　◇

たいへん残念なことに、この「Ａｇａｉｎ」から3カ月もしないうちに、ラグビーを通じて「勝利の味」を教えてくれたあの町井さんが、還らぬ人となってしまった。2年間の闘病の気配を、全く人にみせることもなく、ラグビー協会のために動き回り、最後の最後まで、変わらぬ毅然とした口調で、教えてくれた。そして、いつも、励ましてもいただいた。

「岡村は、やさしい顔で、静かに話すから、あまり強そうにみえないかもしれないが、少なくとも人がみているよりは、芯が強い。ラグビーの練習や試合が、それを、鍛えた。ともかく、へこたれない。社長になってから、事業の『選択と集中』にいろいろ批判を受けてきたが、いつも、平気な顔で、ニコニコして、仕事をしている。それでいい」

この言葉を、胸に刻む。

薫田監督（左）と。チームへの04年の優勝プレゼントは、8月17日からのニュージーランド合宿だった

大学時代、慶大との練習試合で。体は大きいほうだった

ラグビーのほかに、野球やバスケットも観にいく。野球は、子どものころは東映フライヤーズのファンで、当時の駒沢球場へ観戦に通った。学生時代のあだ名「ハチ」は、東映の山本八郎選手の大ファンだったからだ。大学時代のラグビー仲間とは、毎年12月29日の午後5時に、銀座のすき焼き屋へ集まる。カラオケの持ち歌は、加山雄三の「若大将シリーズ」と「昴」「冬のリヴィエラ」。好きな言葉は「疾風に勁草を知る」。

は成長しない。「勝利の味」、成功体験を知ることが必要だ。手を差しのべてやっても何でも、まずは成功体験をとらせ、ほめてやることが大事だ。部下を育てるということでは、勝ちと負けの両方を理解させないといけない。勝ってばかりというのは、ある種の流れで勝ち続けていて、自分の力で勝っているわけではない部分もある。それが、勝った後、いったん負けると、初めて一人前の価値観を持てるようになる。ビジネスの世界では勝ち続けるということはあり得ないわけで、勝ったり負けたりしていくなかで成長していく企業というのが、形としてはいいと思う。一方、負けぐせがついてしまったものは、立ち直りようがないから、やはり、事業としては「選択」つまり撤退の対象だ。

これも本文に出てくるが、ラグビーの試合開始前に個々の選手のベストプレーをビデオでみせるという、あれは、そういうことが凝縮された話だ。自分のすごいプレーを何秒間か瞼に焼き付けて、グラウンドへ飛び出して行くわけだから、まさしく「俺は、これができるんだ」という状態で戦いの場へ出る。あそこで、タックルをミスしたとか、ノックオンをしたとか失敗の映像をみせられたら、もう萎えてしまう。やっぱり、「勝ち方」と言うか、自分の一番いい姿を確認できているということは強い。スポーツでは練習のときからそれが出来上がっていくし、会社でも同じだ。負けそうなときに勝ったときのことを思い出し、もう一度いまの戦略を再チェックしてみる。そういう意味で、勝った経験がある人は強い。「なるほど、ここが欠けているから、おかしいんだな」と、いまの状態と比較できる。若い人も、やっぱり一度は、勝った経験を持たないといけない。

若きビジネスパーソンへのメッセージ⑨

「勝ち方」を学べ。そうすれば「目標」も定まる！

東芝社長　岡村正

若い人に何を求めたいかと言うと、大袈裟だけど、歴史の中で大きな変革期にあるということを、どう認識するかだ。いまの時代を正しく理解するためには、過去との違いを検証することが必要だ。20世紀の後半から21世紀にかけて何が起こってきたのかということを、しっかり認識してもらいたい。これは、国際化しているとか、国際競争が激しいとか、ＩＴ技術で空間がつながったとか、そんな理屈だけで理解はできない。日本や世界の文化や歴史をよく学ばないと、認識できない。それをよく知ったうえで、そこから大きく変わっていくときに、自分の価値をどこに求めるのか。うちの場合で言えば、東芝の存在価値とは何なのか。世界の中で東芝というのはどういう価値を持っているか。そこまで認識しないと、自分の価値はみつからない。でも、みつかれば、当然、「自己実現」の意欲が湧いてくる。若い人たちには、いま、そういう方向が求められている。

また、国際化というと、若い人の関心は、すぐ語学にいく。確かに、彼らの語学検定の点数は上がっており、コミュニケーション能力が高まっていることは喜ばしい。でも、外国の文化をどこまで理解しているのかどうか。例えば、中国へ行くなら、「三国志」の一つも読みなさい。あれを読んで行くのと、そうでないのとでは、全然違う。あるいは、文化大革命の時期の話をするのもいい。そういう知識や好奇心こそ、若い人には必要だ。

転職についても言いたい。転職した若い人を何人もみてきた。前は、よく相談を受けたが、しっかりとした目標を持っている人は止めなかった。ただ、いまの職場で迷っているまま「仕事が変われば、何とかなるだろう」と目標が定まらない人や、何となく上司と合わないという程度で辞めていこうとする人には「考え直せよ」と言った。でも、そういう人のほうが辞める率が高かった。そして、残念ながら、その後も定まらないまま、来る手紙は、また「転職しました」ばかりとなることが多かった。

しっかりと目標が定まった人というのは、本文で触れた「勝ち方」を知っている人とも言える。そういう意味では、上司や先輩は若い人たちに「勝ち方を教える」ということも大事だ。やっぱり、失敗の積み重ねだけでは人間

『軽井沢の「内ゲバ発言」』

牛尾治朗

うしお・じろう（73）

ウシオ電機会長

1931年、姫路市生まれ。東大法学部卒。53年に東京銀行へ入行。神戸銀行と牛尾工業を経て、64年にウシオ電機を設立して社長。79年会長。69年に日本青年会議所会頭。95年４月から４年間、経済同友会の代表幹事。第２次臨調など政府関係の役職も多数経験。01年１月から経済財政諮問会議の民間議員。

本業は各種の光源のメーカーだ。手を広げず、「国際的なニッチ企業」のままでいい。
でも、日本の社会に当てる「光」は、スペクトルをできるだけ広げたい。
財界デビューから35年。思いは一つ、世界と同じ土俵で生きる日本にする。
経済界の「オルガナイザー」は、その道を歩み続ける。

自分だけに「光」が当たるようでは、いけない。「光」が当たる後ろには、「影」ができる。
それに気づき、人との出会いを、大切にしてきた。

●一緒に回ってくれた豊田さん

1998年7月28日の朝。外務省の大臣室で、小渕恵三外相（当時）と向き合った。小渕さんは、2週間前に行われた参院選で自民党が大敗し、退陣表明をした橋本龍太郎氏の後を継ぎ、首相に就任することが決まった直後だ。外相になったときに、外交と経済のあり方を考える経済安全保障研究会の座長を、頼まれた。内閣が代わる前に結論をと思って、急いで、最終報告を届けに来た。

報告書を渡すと、小渕さんが、

「牛尾さん、ちょっと、残ってよ」

と言う。

入閣の打診、だった。

小渕さんは6歳年下で、彼が63年に初当選してまもなく、日本青年会議所（JC）の会合で知り合った。以来、海部俊樹さんや橋本さんたちと、よく集まっては、議論した。政治家の中では、かなり親しいほうだ。ではあっても、79年の都知事選で自民党からの立候補補打診を断って以来、「経済人」で通す気持ちは揺るがない。

入閣は、断った。すると、今度は、

「日本経済の再建策を練るため、首相直轄の経済戦略会議をつくる。その議長を、引き受けてくれ」

と、迫られる。だが、自分は、経済同友会の代表幹事だ。経済人が個人の資格で集まって、自由に論議する集団を率いている。その自由度を確保するため、代表幹事になるときに、公的な職は休止した。経済安保研の座長だけは、小渕さんが「一つくらい」というので、引き受けた。小渕さんが好きだから、首相になれば、いくらでも応援はする。でも、同友会を縛ることは、したくない。

戦略会議の議長も断った。代わりに、重要な助言をする。

「日本経済の再建には、減税しかない。いくら企業がリストラを進めて利益を出しても、こんなに高い法人税率では、設備投資に回す金が、出てこない。日本の競争力はどんどん落ちる。韓国や中国に追い越されてからでは、手遅れだ。もう、公共事業に金をばらまくのは、やめよう。無駄な歳出を削って、その財源で減税をするべきだ」

国際的に割高な法人税の大幅引き下げは、所得税の見直しとともに、2年前から主張していた。だが、歳入の確保に懸命な大蔵省（現・財務省）などの強い反対で、98年度に小幅の減税が行われただけ。本格減税は、積み残されていた。

小渕さんの反応は、速かった。2日後、小渕内閣が発足すると、翌日には所得税と法人税を合わせて6兆円規模の減税を言明。年末には、所得税と住民税の最高税率を計65％から50％へ、法人税は実効税率を46・36％から40・87％へと下げる。

「あの決断がなかったら、いまの景気回復はない」

つくづく、そう思う。90年代の半ば、日本経済の弱点として、「ヒト、モノ、カネのすべてで、余剰が3割もある」と指摘された。この5年、企業はリストラに拍車をかけ、不採算な事業を見直しながら過剰設備を廃棄して、借金を返済した。「非連続の経営」の展開で、三つの「3割」は、かなり消える。いまや、収益は、過去最高の水準。ようやく、設備投資も増え出した。これには、減税が生んだゆとりが、大きく寄与している。この先の舵取りさえ間違えなければ、日本経済の再生は、遠くない。

そういう意味では、小泉純一郎首相は運がいい。

減税の実現には、豊田章一郎経団連会長（当時）が、一緒に走り回ってくれた。経済戦略会議のほうは、樋口広太郎アサヒビール会長（同）が議長を引き受け、小渕さんからの「ブッチホン」に、息を合わせてくれた。

本当に、よき先輩や同志たちに、囲まれている。

キーワードは「縁《えにし》」だ。

●「To be good」を戒めに

31年2月12日、兵庫県姫路市に生まれる。父は健治さん、母は美津子さん。姉と兄が1人ずつの末っ子だ。祖父の梅吉さんが、大阪・堂島の米相場で勝ち得た資金で、銀行、電力会社、ガス会社などを買収した。父は、それらの事業を継いでいた。

小学校は「白鷺城」近くの城巽《じょうそん》小。3年生のとき、父が神戸市舞子《まいこ》の別荘を本宅に替えたため、明石女子師範学校付属小学校へ転校する。家は、国鉄（現・JR西日本）舞子駅の山手側。約6ヘクタールの山林を切り開き、住宅のほかに、茶室、養鶏場、田畑などもあり、淡路島が眺望できた。

旧制神戸三中（現・長田高校）の3年で終戦。生徒の自治会ができ、5年のときに、委員長となる。すぐに神戸地区の自治会連盟を結成し、県立一中〜四中、県立第一〜第三女学校、私立の女学校が参加、自ら初代の連盟委員長に就く。

人を集めて、新しい組織をつくることが好きな性格が、芽を出していた。

旧制三高（現・京大）時代に、父が、公職追放となる。戦時中、電力会社の経営などで「戦争に協力した」との理由だった。だが、父は、むしろ自由主義を唱えて軍部に睨まれたくらいで、無念だったようだ。それまで家庭も顧みない猛烈経営者で、実は、好きではなかった。でも、失意の姿をみて、反発も和らぎ、文通が始まり、東大時代も続く。

就職を控えたころ、父が親しくしていた漢学者の安岡正篤さんに会う。それまで、安岡さんは「個」の自由な生き方を否定しているようにみえて、反発していた。だが、衝撃的なひと言を受け、思いが変わる。それは、

「『To do good』を考える前に、『To be good』を目指しなさい」

見事に、言い当てられた。

何かすごいことをやりたい、何かいいことを言ってみたい、みんなに認められることがしたい。

それまでは、

「To do good」

ばかりを、考えていた。でも、たしかに、いつも、

「To be good」

であろうとしていれば、そんなことは、みんな、自然に可能となる。以来、戒めの言葉となる。

59年2月。父が亡くなり、兄が継いだ牛尾工業へ合流、東京で販売担当になる。ここへくるまで、いろいろな「縁」に、引き寄せられた。

就職では、海外で働きたくて、外交官試験を受けようかと考えた。だが、父に、

「お前には、独身の姉さんがいる。ずっと、支えてやってほしい。だから、日本で経済的に安定した職に、就いてくれ」

と諭され、東京銀行（現・東京三菱銀行）に入る。頭取の浜口雄彦さんが父と同じ戌年で、「ワンワン会」という会の仲間だった。外為専門銀行だから、いつか、外国へいけそうな希望も残る。

だが、営業部計算課に配属され、ソロバン漬けの日々が続く。左利きのせいか、右利き用にできているソロバンは、なかなか上達しない。面白くなくて、毎晩、酒を飲んでいたら、気管支炎になり、さらに「結核」と診断された。舞子の実家で静養する。熱が引き、結核ではないことがわかったが、

父が頭取に頼んだのか、実家に近い神戸支店に復職する。

入行3年目に、私費で、米カリフォルニア大学バークリー校の大学院へ留学する。政治学を学んだ。1年後、父が膵臓炎で倒れたとの知らせが届く。まもなく帰国し、神戸銀行（現・三井住友銀行）へ転職する。祖父が買収した姫路銀行が、合併してできた銀行だ。兄が務めていたが、辞めて父の会社へ入った後を埋める形だ。64年3月にウシオ電機を設立する。従業員は１２０人。牛尾工業から、不良在庫や赤字を押しつけられての、独立だった。

●「赤ん坊」の世代で財界デビュー

69年7月8日。日本生産性本部が長野県・軽井沢のホテルで開いていた「夏のトップセミナー」で、「私はこう思う～70年代の経済と企業環境」の題で、講演する。6日間のプログラムをみると、登壇するのは中山伊知郎一橋大名誉教授や永野重雄富士製鉄（現・新日本製鉄）社長ら、錚々《そうそう》たる人ばかり。ＪＣ会頭になったとはいえ、自分は38歳。財界では、まだ「赤ん坊」扱いだ。それなのに、大舞台に呼ばれた。

生産性本部は、輸出主導型の経済発展を目指すため、政府が設立を決め、55年3月にできた。会長は、その後、経団連会長になった石坂泰三さん。専務理事が、46年4月に経済同友会を創立したメンバーの郷司浩平さん。その郷司さんが、セミナーの講師に呼んでくれた。同友会の設立時に、

父とともに行動した「縁」からだった。講演では、

「70年代は、多元的で激しく変化する時代となる。需要も供給も多様化が進み、企業化の機会は、大いに開ける。何が最適で、効率的か。経営者にとっては、選択の時代となる」

と指摘した後、

「いま30歳未満の人が従業員の85%を占めるようになる75年ごろには、組合の役員選挙の決定権を握る。そうなると、封建的な医学部で始まった東大紛争が全国の大学に波及したように、企業にも『内ゲバ』が起きて、地滑り的に広がっていくのではないか。若い世代が参加型の組織を望んでいることを、経営者は、理解すべきだ」

と結んだ。大企業の社長らの前。力みもあった。でも、ごく当たり前のことを言ったつもりだ。だが、年長の経営者には、体制転覆論のように思われる。マスコミは、「企業にも内ゲバ」という点だけに反応して報じた。心中は残念だったが、それが注目を集め、財界デビューとなる。

●松下さんと土光さん

78年のクリスマスイブ。東京・瀬田の大平正芳首相（当時）の家に招かれる。学習院大の香山健一さん、演出家の浅利慶太さんらが一緒だ。アルコールが回り始めたころ、大平さんが、突然、切り出した。

「牛尾君、都知事になる気はないか」

その4カ月前、新自由クラブの河野洋平さんが、

「79年春の都知事選に牛尾擁立を」

とぶち上げたので、すぐに否定会見を開いた。河野さんとはカリフォルニアへ留学中、スタンフォード大学に来ていた彼と知り合った。新自由クラブ結成以来、政策立案の面で協力している。そんな「縁」はあるが、立候補は、もう消えた話だと思っていた。でも、大平さんは本気だ。一緒にいた仲間たちも、同調し始めた。それでも、自民党内の情勢を理由に、消極的な返事を繰り返す。結局、

「年明けに、また話そう」

と別れた。だが、新年にかけて、

「自民、都知事選候補に牛尾氏」

という記事が続く。首相周辺からの観測気球のようだったが、大平さんから電話が入り、やはり党内に強い抵抗感がある、と聞かされる。直後、松下電器産業の松下幸之助会長から電話があり、1月10日ごろ、西宮市の松下邸を訪ねる。松下さんは、ウシオ電機の従業員数を尋ねて、

「立候補するなら、いなくなる間、会社の面倒をみる。任期が終わったら、そっくりお返しする」

と言ってくれた。ただ、状況を聞かれ、大平さんの電話の件を話すと、きっぱり、

「ぜひ、出てほしいとまで言われていないのなら、やめておきなはれ」

と言われた。すでに、断る腹は決めていたが、大先輩のひと言で、固まる。13日に大平さんに伝え、23日に記者会見で立候補しないことを明言した。

正直言って、ある時期、全く気持ちが動かなかったわけではない。でも、政治家に転じる可能性は、ここで、完全に消える。小渕さんの入閣打診も、名誉なことではあるが、このときから「NO」が決まっていた。

81年の新春。経団連の名誉会長だった土光敏夫さんから、第二次臨時行政調査会（臨調）への参加を求められる。土光さんが会長をしていた科学万博「つくば博」で、基本構想委員会の委員長を務めた「縁」からだ。土光さんは、いったん仕事を任せたら、とことん信用して使う「任用」の人だった。「任用」は、言うのは簡単だが、よほど肝がすわっていないと、できない。そういう人に重用されたことが、自分に対する世間の目も、変えてくれた。

●言い訳無用で、落陽をみる

88年秋。「リクルート事件」が広がるなかで、上場前の不動産会社リクルートコスモスの株を、会社名義を含めて14万株買い受けていたことが批判され、同友会の副代表幹事を辞任。すべての公的な職からも、退いた。

未公開株は、84年の暮れ、親しくなっていた江副浩正リクルート社長（当時）から、

「安定株主になってほしい」

と頼まれて、引き受けた。売って利益を出すつもりなどは、全くない。当時、コスモスの業績は悪く、誰もが、

「上場など、10年たっても無理だ」

と考えていた。ところが、バブル経済の膨張で、地価が高騰し、コスモス株の店頭公開が86年に実現した。2年後、江副氏らが公開直前、政・官・財・学・マスコミなどへ、幅広く未公開株を譲っていたことが、明らかになる。公開すれば、値上がりは確実の時代。なかには、証券会社などの融資付きで、一銭も払うことなく短期に売り抜けて、巨額の利益を手にしていた例もあった。

「濡れ手に粟。庶民にはあり得ぬ、特別な取引だ」

と、厳しい追及が始まる。

自分の場合は全く事情が違う、と説明しようかと思ったが、やめた。臨調で第2部会長だった山下勇さん（当時・JR東日本会長、元・三井造船社長）が、戦後、追放になって苦労した自らの経験から、

「牛尾さん、こんなときは、何を言ったってだめだ。自分が株を買った経緯は違う。公開の2年も前だし、直前に資金まで借りて売り抜けたわけではない、と主張すれば、そうではない人たちを悪く言うことにもなる。黙っていなさい。我慢していれば、必ず、誰かが誤解を解いてくれる。ここは、みんなと一緒に苦しんだほうが、いいよ」

一緒に酒を飲みながら、そう、言ってくれた。腹の据わり方が違う。土光さんといい、世の中に

は、本当にすごい人がいる。

経営に専念すると、時間もできた。南の島で、海に潜ってみる。しばらく、別世界にひたり、落陽をみながら、思いもしない公職追放にあって傷ついたときの父を想う。父は、追放後、人付き合いが減り、母と仲良く俳句や茶道を楽しみ、人間らしく生きていた。自分のケースでも、縁遠くなった例も少なくない。急に言動を変えた人の心がみえて、寂しかった。でも、一方では、驚くほど多くの人が、厚情を寄せ続けてもくれた。

91年暮れ。経済同友会の代表幹事だった速水優さん（のちの日本銀行総裁）から、諮問委員長への就任を促される。代表幹事の見解など、同友会が掲げる主張を考える要職への復帰だ。山下さんが、言った通りだった。翌年4月、笑顔で迎えてくれた副代表幹事の面々や事務局の好意に、思わず、目頭が熱くなる。

95年4月。代表幹事にもなる。

「小さな政府と民間主導の社会を目指し、われわれは自立を決意する」

就任の挨拶は、あの「内ゲバ発言」から一貫して変わらぬ主張で、埋めた。97年1月、それを、「市場主義宣言」に集約する。副代表幹事兼専務理事になった水口弘一さん（現・中小企業金融公庫総裁）が中心になって、まとめてくれた。市場主義派の宮内義彦さん（オリックス会長）が、随所で喧伝してくれた。東大で同級生だった香西昭夫さん（現・住友化学相談役）も、副代表幹事になって、「宣言」を支える企業白書を書いてくれた。ここでも、同志に、恵まれる。

いつも、そういう同志と話していることだが、人にも、それぞれ「賞味期限」がある。もちろん、自分にもだ。でも、宮内さんは、

「牛尾さんの政治センスは、ますます、磨きがかかっている。市場経済を基本とする論調も、全く、ぶれない」

と持ち上げる。水口さんは、

「よく勉強していて、人の意見をきちんと聞くし、発想が若い。まだまだ、賞味期限は切れない。起業家としての実績があるのだから、経営塾のようなものを、開いたらどうか」

などと、そそのかす。

でも、気をつけなくては、いけない。誰でも、まだまだやれる、と思っていると、退きどきを見失う。そういう先輩を、たくさんみてきた。

●「影」より「光」が似合う友

94年8月。東京・大手町のウシオ電機本社へ、文箭安雄さんが来た。紹介してほしい、と頼んでいた人を、連れてきてくれたのだ。文箭さんは、コスモ証券の元社長。92年に、役員らの「飛ばし事件」の責任をとって辞任。翌年、相談役からも退いて、表舞台から消えていた。

紹介してもらった人との用件が終わると、切り出した。

「日本は、いま、ベンチャー企業の育成が課題だ。でも、ベンチャーに投資するキャピタル会社は、証券会社や銀行の系列ばかり。そういうところは、親会社の取引関係に影響されやすい。文箭君、本物のベンチャーキャピタルを一緒にやらないか」

友人が逆境にいると、どうしても、気になる。おせっかいはしたくないが、力のある人が何もできないでいる状態は、あまりにもったいない。文箭さんは、53年大卒の同期生。2人の祖父は、大阪・堂島で隣同士に店を持ち、米相場で張り合った「縁」がある。やはり、気になる1人だった。

だが、返事は、期待とは違う。

「ありがたい話ですが、私は、もう死んでいる人間です。ゆっくりしていたいので、辞退させて下さい」

思わず、強い言葉が口をつく。

「何でだ。きみのためにつくる会社だ。もう、何人もが賛同しているよ」

文箭さんは、かたくなな姿勢のまま帰る。ところが、ひと月ほど後、また、やってきた。

「申し訳ない。あのときは、失礼した。ぜひ、やらせて下さい」

うれしい変心だ。後で聞いたら、前回、紹介するために連れてきた人に、帰りに言われたそうだ。

「あんた、男じゃないよ。あれだけしてもらった話から、逃げるなんて」

96年2月。同志のセコムの飯田亮さん、三洋電機の井植敏さん、日本生命の伊藤助成さん、リコーの浜田広さん、宮内さんら自分を含めた12人の発起人で、日本ベンチャーキャピタルを設立する。

ただ、日本の社会は、まだ「敗者」の復活に、抵抗感を残す。とくに、霞が関の監督官庁は、遅れている。やむを得ず、当初は自分が会長で、社長には元・日本生命監査役を迎え、文箭さんは副会長。でも、もう、いまでは会長だ。

投資基金は、04年7月末の第5号で、計500億円近くになった。上海の「新華財経」(新華ファイナンス)も上場する。中国銘柄第1号だ。大阪大学や新潟県など、大学や自治体と連携するファンドも増えている。喜ばしい成果だ。でも、何よりも、文箭さんがすっかりビジネスマンに戻っているのが、うれしい。やはり、「影」より「光」が当たるほうが、似合う人だ。

99年1月7日。代表幹事を退く3カ月前、最後の「年頭見解」を発表する。題は、「世界とともに生きる決意」

一見すると、日本の国際化を説く内容が予想される。三が日の終わるころ、東京・田園調布の牛尾邸を訪ね、「年頭見解」の原稿を吹き込んだテープを受け取った同友会事務局の岡野貞彦さん(現・企画部長)も、そう思った。

でも、持ち帰って聴いてみて、岡野さんは驚いた。「市場主義宣言」のときに打ち出した「官から民へ」「中央から地方へ」「簡素で効率のいい政府の実現」を、あらためて強調している。そして、景気回復を遅らせた「将来への不安」や市場の懸念を取り除くために、①所得税と法人税の減税②情報通信・新交通システム・首都再生などへの政府投資③規制撤廃の推進——という三つの政策を強く求める声が、続いていた。

岡野さんは、すぐに、のみ込んだ。

「そうか。世界とともに生きる、とは、日本を世界と同じ条件の経済社会にしよう、ということか」

そう、その主張は、ずっと、ぶれていない。もう一つ、変わらずに胸を張れるのが、「縁」を大切にしてきたことだ。

牛尾さんの「Again」

2003年6月。社会経済生産性本部の第6代会長に就任した。あの「内ゲバ発言」のトップセミナーを開いた生産性本部が、提言機関の社会経済国民会議と統合してできた組織だ。「縁」である。もちろん、この夏も、セミナーを開いた。04年7月7日の午後、その開会の挨拶をする。東京駅から長野新幹線で軽井沢駅へ。本書の「Again」の企画で、早めに軽井沢へ来た。

●「少子化」を何よりも懸念する

会場の、軽井沢プリンスホテルの西館へ着く。あのときは、玄関先の木々の間に、セミナーハウスがあった。いまは、館内の会議場を使う。

開会まで、まだ2時間ある。木陰を歩き、「内ゲバ発言」をしたあたりへ向かう。あの日は、た

しかに、

「75年ごろには、従業員の大半が若い世代になり、企業でも『内ゲバ』が広がっていくのではないか」と言った。それは、

「経営者は、もっと従業員の声に耳を傾け、若いエネルギーを企業活動に吸収していこうではないか」という、提言のつもりだった。でも、時流より、早過ぎたのかもしれない。

価値観の多様化、「選択の時代」の到来、賃金と労働時間を中心とした労務管理の崩壊、スピーディーな経営判断、国際標準（グローバルスタンダード）への適応——35年前に挙げたテーマは、全部、現実の課題となった。結局、言いたかったのは、多くの相違点を持つ同士も、まずは「同じ条件」に立つことから始め、そのうえで自由に競い合おう、ということだ。それが、ずっと、言い続けている「世界とともに生きる」だ。

でも、税制改革一つとっても、日本は、亀の歩みよりも遅い。政治家や官僚たちは、日本を追うアジアの国々などを、もっと、勉強したらいい。こんなに税負担が大きい日本では、とても、世界の人や企業に、来てもらえない。米欧の関心が中国へ移り、日本が軽視される「ジャパンパッシング」も、それと無縁ではない。

今回のセミナーでは、日本が「同じ条件」からはずれていく大きな懸念を、指摘した。少子化だ。3年後には、日本の人口が減り始める。そのまま1億人を割ってしまったら、もう、国際競争力は、維持しにくい。一方で、中国やインドという、巨大な人口を抱える国の経済の台頭が、続くだろう。

両国を含めたアジアの市場が、世界に開かれていくと、これまで静観していた欧米の企業も、どっと入ってくる。21世紀の主舞台となるアジアの市場で敗退すれば、日本経済の明日はない。

少子化対策は、急務だ。

●夕霧に思う道元の言葉

経済の再建は、どうにか、歯車が動き出した。でも、改革は、どれをとっても、まだ不十分だ。根気よく続けていかねば、日本の未来は「影」に入る。改革は、受け継がれていかなければ、ならない。次世代を担う人たちに、ぜひ、そこに結集してほしい。経営者たちは、若き予備軍たちに精いっぱい教え、継承するときだ。新しい「縁」が、ほしい。

「夏のトップセミナー」は、今回で49回目。これまでに、計5600人が参加した。05年には、生産性本部は創立50周年を迎える。そういえば、同友会の設立50周年は、自分が代表幹事のときに迎えた。今度も、同じ「縁」があるのだろうか。

30年ほど前。ソニーの厚木工場を見学すると、

「鍬を持って耕しながら　夢を見る人になろう」

というスローガンがかかっていた。人は、鍬を持って耕すと、耕すことばかりに夢中になる。経営者は、とくにそうだ。事業を手がけると、収穫ばかりを考えてしまう。それでは、いずれ、じり

想に終わる。

貧になる。さらに発展していくには、夢がなくてはいけない。でも、夢も、ただ追うだけでは、夢

「耕しながら、夢を見る」

すごい言葉だ。ソニー創業者の井深大さんたちの精神に触れ、震えを感じたことを、よく、覚えている。軽井沢に集うビジネスリーダーたちにも、そんな思いを、伝えたい。

軽井沢の夕霧に触れると、曹洞宗開祖の道元の言葉を思い出す。

「霧の中を歩めば、覚えざるに衣湿る」

少しくらいの霧ならば、濡れることもないだろうと思って歩いて行くと、いつのまにか、衣はたっぷりと水気を吸っている。人の交わりも、そういうものだ――という意味だと教わった。自分も、そうやって、多くの先輩や同志たちから、気づかぬうちに、たくさんのことを吸収してきた。その重みが、うれしい。

だから、この「夏のトップセミナー」に、次も、きっと来る。

七夕の日、あの懐かしのセミナーで、経営者44人を含む100人余りのビジネスマンに、日本経済と企業の課題を説く

64年３月に独立、ウシオ電機を設立した当時。33歳だった

大の政策論議好き。日本青年会議所や主宰する社会工学研究所の活動を通じて、早くから政界・官界に幅広い人脈を形成する。財界では、土光敏夫氏とともに、日経連会長だった桜田武氏の薫陶を受ける。好きな言葉は「水到リテ渠成ルガ如シ」(水は流れ、低地にたまる。たまれば、また流れて溝ができる。人生も、自分で溝をつくって流すのではなく、自然なものがいい——の意)。

人生、一職場」というのも、確実に崩れる。義務教育を終えた後、15歳から75歳までの60年間をどうすごすか、自分で選ぶ時代だ。そのうち８～10年間は高等教育や専門教育を受けるとして、それをどこでやるか。若いうちにやってもいいし、一度働いてみてからやってもいい。それは、それぞれの人生設計になる。

本文に出てくる軽井沢での「企業にも内ゲバ」の発言から35年たち、あのときに予測した時代が、やはり来た。1945年の敗戦に匹敵する大変化だ。ただ一つ不透明なのは、2007年から日本の人口が高齢化の促進を伴いながら減少へ向かう、その先だ。いまの状況のままなら、2030年には１億人を割る。明治の初めに3800万人からスタートして以来、全く経験したことのない時代に突入する。もう、たとえ一流高校や一流大学を卒業しても、約束された平坦な道筋はない。

そういう四半世紀に向かって、若い人は、まずは何かを選んで、自分で道を切り拓いてみることだ。だめだったら、変えればいい。職場では、上司が違うと思ったら、たまには逆らってみろ！　おどおどしないで、ぶつかってみろ！　上司も、10人のうち２～３人はリスクマネジメントがわかる。「リスクは俺が負ってやるから、やってみろ」という上司に会った人は、幸せだ。そういう体験をした若者は、自身もリスクを負う気概を持つようになる。いま、そういう上司にぶつからなくても、上司もいずれ代わる。もし、３回代わってもそういう人が出てこなければ、そんな会社は辞めたらいい。

ただ、おとなしくしていれば、上司が可愛がってくれ、昇進もさせてくれる――そんなのでは、もう、しょうがない。といって、来る球、来る球、手を出してはだめで、焦ることはない。自分の好きなコースをよくみて、いい球が来たときだけ、それを打て。野球でも、ストライクを３回までは選べる。

若きビジネスパーソンへのメッセージ⑩

もう「個人」が主役だ。たまには上司に逆らってみろ！

ウシオ電機会長　牛尾治朗

若い人たちだけではなく、これからどう生きていくべきかを考えるビジネスパーソンには、まず、時代認識が欠かせない。

第１に、21世紀最初の四半世期は変化が激しい時代で、経営で重要なのは「リスクマネジメント」となる。1950年からの40年間、日本にとって米国が「先行指標」で、あらゆるリスクは官庁・政治・産業が一体となる形でヘッジされていた。いまは、物事の70％は科学的・歴史的な分析で対応できても、変動が激しい30％の部分は完全にリスクとなっている。もう、経営者というのは「安定した職業」ではない。銀行も不良債権問題で「リスクマネジメント」の時代に入り、一生安全なつもりで勤めた人が狼狽している。どの会社でも、入社20年くらいの人も経験したことのない「リスクマネジメント」が求められる。

第２には、完全にグローバルな時代となった。日常生活からグローバル感覚がないと、もう、生きていけない。食事一つとっても、韓国製のサムゲタンやイタリア産の野菜が普通に手に入るし、衣類は中国や南米の製品だらけだ。こうなると、もう「日本の特殊性」などは言えない。明治維新の際に長期外遊をした岩倉具視は、日本がとり入れるべきことは山ほどあると指摘した後、「しかし、くれぐれも『日本の特殊性』など言うまじき候」と語っている。まさに、その通り。これからは、維新のときと同様に、時代遅れの「特殊性」が破壊される。一連の規制緩和で、５年もあれば、一気に変わる。その間に、若い人たちは、外国語が少なくとも一つは完全にこなせるようになっておかなくてはだめだ。

こうした変化を受けて、いよいよ「組織から個人へ」と比重が移る。いまはその過渡期と言え、サッカーや野球のように「個人プレーも大事だが、チームプレーも必要」という中間的な段階にある。でも、携帯電話やｅメール、インターネットで誰でもリアルタイムに情報がとれるようになり、個人で生きることを大切にする人が増えていくと、職場は人生の舞台の「背景」に過ぎなくなる。職場でエスカレーターに乗って昇進する時代は終わり、そういうことにこだわる企業は、もう、長持ちしない。これまでのような「一

街風　隆雄（つむじ・たかお）
朝日新聞東京本社記者兼出版本部編集委員。
1947年生まれ。71年慶応大学経済学部を卒業、朝日新聞社に入社。青森と水戸で勤務後、米国に語学留学。78年１月から90年１月まで東京本社経済部記者（この間、84年４月〜86年１月は週刊朝日編集部記者）。経済部では、証券、金融、外務省、電機・機械、財界、大蔵省などを担当し、産業キャップ、金融キャップを歴任。大阪と東京の経済部次長、静岡支局長を務め、97年４月東京本社編集委員。電子電波メディア局と東京編集局の局次長、週末新聞『be』の編集長を経て現職。著書に『私の源流――トップ経営者からのメッセージ』。共著に『金に踊る世界』『ミリテクパワー』など。

私《わたし》の源流《げんりゅう》・2　トップ経営者《けいえいしゃ》からのメッセージ

2005年１月30日　第１刷発行

著　者　街風隆雄《つむじたかお》
発行者　柴野次郎
発行所　朝日新聞社
〒104-8011　東京都中央区築地５-３-２
電話　03-3545-0131（代表）
編集・書籍編集部　販売・出版販売部
振替　00190-０-155414
印刷所　共同印刷

ISBN4-02-257979-X
定価はカバーに表示してあります。